www.tredition.de

Linda Lex

Engel & Dämon in einem

Der innere Schrei einer Mutter in der Pubertät ihrer Tochter

www.tredition.de

© 2015 Linda Lex

Verlag: tredition GmbH, Hamburg

ISBN
Paperback: 978-3-7323-7904-0
e-Book: 978-3-7323-7906-4

Printed in Germany

Das Werk, einschließlich seiner Teile, ist urheberrechtlich geschützt. Jede Verwertung ist ohne Zustimmung des Verlages und des Autors unzulässig. Dies gilt insbesondere für die elektronische oder sonstige Vervielfältigung, Übersetzung, Verbreitung und öffentliche Zugänglichmachung.

Über die Autorin

Die Autorin Linda Lex wurde 1941 in Teheran geboren. Sie lebt seit 1966 in Deutschland und besitzt die deutsche Staatsbürgerschaft. Ihr Abitur hat sie im naturwissenschaftlichen Zweig gemacht. Nach dem Abitur hat sie verschiedene Tätigkeiten ausgeübt. Erst als Flugstewardess, parallel als Filmsynchronsprecherin und Radiomoderatorin. Sie setzte sich immer für eine bessere, freiere, demokratischere Welt ein, in der Meinungsfreiheit herrscht und in der sie ihre Rechte als gleichberechtigte Frau in der Gesellschaft erreichen kann. Das Schicksal hat Europa und Deutschland für sie ausgesucht und von Anfang an war sie keine religiöse Fanatikerin. Sie gehört keiner Religion oder Sekte an, sondern sie beachtet Moral und guten Charakter.

Zuletzt besaß sie 10 Jahre lang eine Praxis und ein Meditationszentrum als Reiki-Meisterin und geistige Yogalehrerin.

Das Buch, das sie geschrieben hat, dokumentiert eine wahre Lebensgeschichte, die sie öffentlich macht als Herzensdienst für die Menschheit.

Über die Autorin 5
1. Palinas Story (die Tochter) 8
2. Palinas erster Freund 29
3. Besuch bei Palina 33
4. Meine Tochter hat geklaut 36
5. Mein perfekter Gentleman 40
6. Edis Mutter 52
7. Unsere Begegnung in Teheran 59
8. Reise nach Europa 87
9. Ich wurde Tänzerin 97
10. In Stuttgart 100
11. Edi landet im Gefängnis 101
12. Meine Schwester Lili kam nach Deutschland . 105
13. Edi kehrte in den Iran zurück 109
14. Endlich nach Amerika 112
15. Rückkehr nach Hamburg 115
16. Die Zeit nach Edi 116
17. Familienurlaub in Tunesien mit Gino (Lilis neuem Freund) und Begegnung mit Hansy 120
18. Edi kommt zurück 122
19. Mein erstes Cabaret bei Hannover 129
20. Die Verlobung 130

21.	Mein Engel ist geboren	136
22.	Umzug nach Freiburg wegen meiner einjährigen Tochter	138
23.	Mein Tanzcafé in Saarbrücken	144
24.	Gründe für die Scheidung und endlich die Befreiung aus dämonischen Händen	150
25.	Palinas Freund Thomas	155
26.	Unser plötzlicher Türkeiurlaub mit Palina und Thomas	156
27.	Mein lieber Vater	162
28.	Meine sehr liebe Mutter	168
29.	Palina in der Schweiz	174
30.	Edi beim Hausbau in Wiesbaden	177
31.	Palinas Hochzeit	182
32.	Royas Story	188
33.	Edis letztes Telefonat	205

1. Palinas Story (die Tochter)

Das Trauma meines Lebens erreichte mich am Telefon. Gerade war ich geschäftlich in Frankfurt unterwegs, weg von zu Hause, als mein geschiedener Mann mich anrief: „Ich muss dir was Schlimmes sagen, Linda. Unsere Tochter hat eine gebrochene Nase. Ihr Freund hat sie brutal geschlagen, richtig mit der Faust ins Gesicht. Die Nase muss operiert werden. Ich habe Palina erst mal mit Schmerzmitteln versorgt. Am Montag gehe ich mit ihr ins Krankenhaus. Wie konnte das passieren?"

In meinem Kopf vermischte sich die Sorge um mein Kind mit dem Existenzstress, dem ich ausgesetzt war. Meine freiberufliche Tätigkeit war für mütterliche Gefühle leider nicht eingerichtet und erforderte alle Geistesgegenwart. Tausende von Gedanken tobten wie ein Wasserfall durch meinen Kopf.

Noch wusste ich nicht, warum, doch meine vertraute Welt, mit so viel Mühe und Entbehrungen aufgebaut, schien ab jetzt zu zerbrechen.

Damals lebte ich in einer Saarbrücker Vierzimmerwohnung zusammen mit Palina und meiner Mutter. Das Unglück passierte Ende August 1991. Gerade waren wir von Amerika zurückgekommen, wo wir einen unvergesslich tollen Sommer erlebt hatten, inklusive Sprachkurs auf der Berlitz-School of Boston.

Meine Tochter war damals reizende, unbändige fünfzehn Jahre alt. Sie war mein wunderbarer Engel, eine werdende junge Frau, deren schönes Gesicht von langen, braunen

Haaren liebkost wurde und die sämtliche Blicke auf sich zog. Die großen, hellgrünen Augen hat sie vom Vater mitbekommen. Warum auch nicht? Ein Mann vererbt Geld oder Schönheit. Selten beides. Schon als Kind ließ Palina wenig Toleranz aufkommen, wenn ihre Garderobe zur Debatte stand. Nicht immer vertrugen sich die Kniestrümpfe mit der Haarschleife, doch im Laufe ihres Heranwachsens wurde Palinas Geschmack deutlich raffinierter. Natürlich kaufte ich ihr teure und hübsche Markenkleider. Welchen Wunsch hätte ich meinem süßen Mädchen schon abschlagen können? So viele Jahre sind seither vergangen, aber meine Liebe zu Palina ist unverändert geblieben, trotz allen Schmerzes, den mir ihre einseitige, verfrühte Loslösung zufügte.

Am liebsten wäre ich sofort nach Hause geflogen, aber in Frankfurt hatte ich ein festes Engagement, das unseren Lebensunterhalt garantierte. So konnte nicht sofort nach Hause fahren. Nach der Ehescheidung habe ich Edi von allen Unterhaltspflichten entbunden und natürlich hat er danach kaum noch einen Cent freiwillig gezahlt.

Der Gerichtsbeschluss und die Unterschrift meines Mannes hatten mir das alleinige Sorgerecht übertragen. Nun war ich also alleinerziehende Mutter mit allen elterlichen und finanziellen Pflichten. In meiner Abwesenheit kümmerte sich hauptsächlich meine Mutter um Palina. Doch trotz allem, was geschehen war, durfte auch Edi seine Tochter sehen, wann immer sie es wollte. Nie habe ich mein Kind mit Beziehungsproblemen belastet, egal, wie viele Verletzungen unsere Ehe in mir zurückgelassen hatte. Meine Gefühle blieben tief in mir vergraben. Wie sonst hätte ich die täglichen Herausforderungen bewältigen können? Damals wusste ich nicht, wie und wann meine Wunden jemals heilen sollten. „Werde ich überhaupt je von dieser unklaren und verstrickten Beziehung befreit sein? Was ist das, was mich immer wieder so magisch zu diesem Mann hinzieht, dass ich seiner Anziehungskraft nicht widerstehen kann?" Von meiner Seite aus war es Liebe, einfach Liebe. Damals dachte ich so. Wieso damals? Wenn ich heute nach dem Grund dieser Abhängigkeit suche, taucht dasselbe Gefühl wieder auf – ich liebe ihn über seinen Tod hinaus.

„Wie konnte das passieren?" Edis Frage machte mich fassungslos. Nie hatte er gefragt, wie wir lebten, ob wir was brauchten. Nie gefragt: Was braucht das Kind überhaupt, welche Bedürfnisse hat es, welche Wünsche? Stattdessen hat er sich von allen Vaterpflichten befreit, nicht nur materiell, auch moralisch. Nie hat er sein Kind wirklich ernst genommen. Auch um die jeweils zwei Kinder aus seinen früheren beiden Ehen kümmerte er sich nicht mehr. Für ihn war es selbstverständlich, dass alles Geld von meiner Seite kam. Damit war ich ja einverstanden, aber konnte er nicht mal aufpassen, dass Palina ihre Hausaufgaben machte? Ausgerechnet er fragt nun: „Wie konnte das passieren?!" Will er mich etwa zur Rechenschaft ziehen? Welche Erklärungen bin ich ihm überhaupt schuldig?

Es war meine Gutwilligkeit, dass ich den Kontakt zwischen ihm und unserer Tochter im guten Sinne gepflegt und vor unserem Kind nie ein schlechtes Wort über ihn gesagt hatte. Von all dem höllischen Leben, das ich in den Nächten vieler Jahre mit ihm durchgemacht hatte, wusste mein Kind nichts. Ich bemühte mich, Palina vor allem Unangenehmen zu schützen.

Trotzdem begann ich zu erklären: „Ich habe Palina erlaubt, einen Freund zu haben. Er darf zwei bis drei Mal in der Woche zu Besuch kommen statt jeden Tag, wie sie es wollte, denn sie muss genügend Zeit für Schule und Hausaufgaben haben. Am Wochenende ist ‚Familientag'."

Sonntags und montags hatte ich frei. Einen Tag in der Woche hatte sie auch Zeit für ihren Vater, meistens mittwochs, da er dann seine Gaststätte geschlossen hatte und zu uns nach Hause kam. Meine Mutter hat auch für ihn gekocht, sodass sie beide unbeschwert die Zeit zu Hause verbringen konnten. Unsere Trennung war so organisiert, dass wir sie nicht an die große Glocke hängten. Kaum jemand wusste, dass wir geschieden waren. Das hätte Palina zu sehr belastet und das wollte ich ihr ersparen. Edi sagte nichts dazu. So dachte ich, er sei mit meinem Vorschlag einverstanden.

Manchmal, nach der Schule, fuhr ich Palina zur Gaststätte ihres Vaters. Obendrüber hatte er eine Wohnung, wo er mit seiner Mitarbeiterin lebte. Eines Tages kam mein Kind weinend nach Hause. Eine Frau in der Gaststätte hatte Palina gesagt, dass Mama und Papa nicht mehr zusammenlebten und dass ihr Papa nun sie heiraten würde. Sofort war mir klar, welche Person das gewesen sein musste. Es war eine Gaststättenbesucherin, mit der Edi sicherlich im Bett war. Vermutlich hatte sie sich eine rosige Zukunft ausgemalt. Ich war empört und enttäuscht. Wie konnte er dem Kind das antun? Ich stellte ihn zur Rede. Falls er nicht in der Lage wäre, unsere Tochter vor solchen Menschen zu schützen, würde ich ihr verbieten, ihn weiterhin in seinem Lokal zu besuchen.

Ich erzählte Edi, dass ich, als wir aus Amerika zurück waren, Palinas Freund per Rechtsanwalt mitgeteilt hatte, dass ihm von nun an nur noch Hausbesuche gestattet wären, wenn diese Palinas Lernen und ihre schulischen Leistungen nicht gefährdeten. Falls er diese Ordnung nicht einhielte, bekäme er Hausverbot. „Ich denke, dass es deswegen zum Streit gekommen ist." „Wieso hast du einen Anwalt eingeschaltet?", fragte Edi mich. „Hör mal, die Reise nach Amerika hat mich 15.000 DM gekostet. Palina war dort auf der Berlitz-Schule, um Englisch zu lernen. Ich hatte sie als Gaststudentin bei einer amerikanischen Familie untergebracht. Ich habe alles unternommen, damit unsere Tochter eine gute Bildung fürs Studium und fürs Leben bekommt. Und das soll nun alles zerstört werden, nur durch eine unreife Jugendliebe?", fragte ich ihn, fest überzeugt von der Richtigkeit meines Handelns. „Ich glaube, dass Palina ein Problem mit der aufgestellten Ordnung hat. Ihr Freund ist schon achtzehn Jahre alt und wollte mit ihr zusammenziehen. Sie ist erst fünfzehn. Das geht nicht! Ihre Ausbildung ist einfach wichtiger", schloss ich das Gespräch mit unmissverständlicher Überzeugung. Eine gute Bildung zu haben und mit gebildeten Menschen philosophische Gespräche zu führen, war mir immer wichtig. Man kann von jedem lernen, das ist meine Einstellung. Mein sehnlichster Wunsch für meine Tochter war eine gute Ausbildung, denn ohne Bildung ist man ein Nichts in der Gesellschaft und kann im Leben nicht viel erreichen. Mit einem Beruf und guter Allgemeinbildung hätte Palina eine Grundlage für ein gutes und glückliches Leben. Auf einmal fühlte ich mich schlecht. Meine Welt bröckelte auseinander. Es gab keinen Wunsch, den ich meiner Tochter nicht erfüllt hatte. Immer wollte Palina die teuerste Markenkleidung haben, solche, wie sie einige ihrer Schulfreundinnen trugen. Ich selbst habe mich nicht unbedingt auf Marken konzentriert. Palina schon! Bis ins kleinste Detail!

Ich arbeitete viel und mit ungeheurer Disziplin. Wie sonst hätte das Geld gereicht, um unseren Lebensstil zu erhalten? Es war eine Kraft in mir, die mich trieb, bis zur Grenze der Erschöpfung zu arbeiten. Alle diese Gedanken musste ich gut zudecken, damit ich fröhlich lächelnd auf die Bühne treten konnte. Nur der liebe Gott wusste, wie ich meinen vertraglichen Pflichten nachgekommen war, welche Energie ich aufbringen musste, um „da" zu sein und zu bleiben. Die Mutter in mir wollte nur noch, sich ins Auto setzen und zu ihrem Kind fahren.

Ich ahnte, das war nur der Anfang aller Schwierigkeiten, die auf mich zurollten. Bei all ihrer Schönheit hatte meine Tochter einen labilen Charakter. Sie veränderte ihr Wesen, abhängig von den Menschen, mit denen sie zusammenkam. Wenn ein Mitschüler neben ihr saß, der häufig log, fing auch sie zu lügen an. Als in ihrem Freundeskreis geraucht wurde, rauchte bald auch sie. Eine Affinität zu Rauschgift hatte sie auch. Wie ein weicher, junger Ast, der schon von einer leichten Brise gebogen wird.

In dem Maße, in dem ich stark war, war sie labil.

Diese Labilität verwässerte sehr schnell ihre guten Eigenschaften. Einmal wollte die Mutter einer Mitschülerin, dass ihre Tochter in der Schule neben meiner Tochter sitzt, da Palina so ein gutes Mädchen sei und die Mutter gerne den guten Einfluss meiner Tochter auf ihre Tochter gehabt hätte. Aber stattdessen ging die Eigenart des anderen Mädchens, das zu Lügen neigte, auf meine Tochter über. Seit die beiden Mädchen in der Schule nebeneinandersaßen, fing meine Tochter plötzlich an, mich anzulügen. Natürlich habe ich versucht gegenzusteuern, aber die Labilität blieb bestehen.

Palina kam sehr früh in die Pubertät. Seit ihrem elften Lebensjahr war sie ständig in jemanden verliebt und wollte schnell eine erwachsene Frau werden. Mit ihren Gedanken bewirkte sie ein frühes Anwachsen ihres Busens. Überhaupt entwickelten sich ihre weiblichen Merkmale sehr früh, was mir damals nicht bewusst wurde.

An einem Nachmittag lagen Edi und ich in unserem Schlafzimmer, schmusten und unterhielten uns zärtlich. Plötzlich wurde die Zimmertür aufgerissen und meine Tochter stürzte herein. Weinend warf sie sich zu uns aufs Bett und schuf sich einen Platz zwischen uns. Voll Sorge nahm ich sie in die Arme: „Was ist denn passiert?" Hoffentlich nichts mit der Schule, dachte ich, da sie gerade von dort kam. „Nein", antwortete sie. „Du hast mir den schönsten und besten Mann von der ganzen Welt gestohlen und nun kann ich ihn nicht mehr heiraten." Sie weinte weiter. Wohl war ich entsetzt über diese Aussage, hielt es aber dennoch nur für eine kindliche Form der Liebe, eine Schwärmerei, die Palina für ihren Vater empfand. Liebte ich doch selbst meinen Vater mehr als alles auf der Welt und hatte eine besondere Verbundenheit zu ihm. Deswegen betrachtete ich ihr Verhalten durch eine mild gefärbte Brille. Ich konnte mir einfach nicht vorstellen, dass ein elfjähriges Kind so was ernst meinte. Ich selbst hatte erst mit siebzehn Jahren Menstruation bekommen. Dass Palina schon so früh sexuell reif wurde, realisierte ich nicht.

Auf jeder unserer Reisen verliebte sie sich in jemanden, den sie gerade kennengelernt hatte. Einmal wollte sie in Tunesien bleiben, weil sie in einen Kameltreiber unsterblich verliebt war. Mit viel Geduld und Liebe musste ich sie wieder zur Vernunft bringen. Während unserer gemeinsamen Reise in den Iran wohnten wir bei meiner Schwester. Sie hatte einen sehr gut aussehenden Mann. Kurz nach unserer Ankunft war Palina in meinen Schwager verliebt. Sie schwärmte von seinen blauen Augen und wollte ihn als

Mann haben, was sie mir gegenüber offen zum Ausdruck brachte. Wieder versuchte ich, ihr logisch zu erklären, warum es nicht möglich war, dass sie mit dem Mann meiner Schwester zusammenkommen konnte. Immerhin ging diese Verliebtheit nach einiger Zeit vorüber, denn sie verliebte sich nun in den Mann meiner Großnichte. Er fotografierte sie ständig, da sie wunderschön war und anders als andere Jugendliche. Sie badete in seiner Bewunderung und genoss die ständigen Komplimente, die ihren Emotionen Auftrieb gaben. Das ganze Theater ging also wieder von vorne los.

Diesmal jedoch hinterließen meine logischen und moralischen Aufklärungen keine bleibenden Spuren mehr in ihrem Gedächtnis. Nach dem Besuch in Teheran fuhren wir alle zusammen ans Kaspische Meer zu meinem Vater. Nachdem er von Deutschland in den Iran zurückgekehrt war, lebte er in einer schönen Villa, die er selbst erbaut hatte. Da ich seit zwanzig Jahren das erste Mal wieder im Iran war, versammelte sich die ganze Verwandtschaft, um mit uns die Zeit gemeinsam zu verbringen. Natürlich waren auch sämtliche Kinder dabei und so verliebte sich Palina aufs Neue in einen gleichaltrigen Jungen. Sie wollte mit ihm zusammenleben! „Entweder nehmen wir ihn mit nach Deutschland oder ich bleibe hier, um mit ihm zusammen zu sein", sagte sie voller Emotionen. Nur mühsam konnte ich sie davon abbringen. Die Liste von Palinas Verliebtheiten ist hiermit natürlich noch lange nicht vollständig.

Da ich die Neigung meiner Tochter sehr wohl kannte, konnte ich auch die Liebe zu dem achtzehnjährigen Markus nicht ernst nehmen. Es war klar, dass auch diese Aufwallung nicht von langer Dauer sein würde. Deswegen konnte ich nicht zulassen, dass sie ihre Ausbildung vernachlässigte.

Mein Traum war, dass Palina an der Universität studieren sollte, was mir seinerzeit nicht vergönnt war. Mein ganzes Geld und all meine Kraft wollte ich für dieses Ziel aufwenden!

Doch nun gab es Markus und das Karussell begann sich zu drehen, häufige Besuche von Markus, Kind abgelenkt, schlampige Hausarbeiten, schlechtere Schulnoten, verzweifelte Aussprachen, Kind widerspricht, Markus kommt öfter, Aussprachen erfolglos, Gang zum Rechtsanwalt, klares Anschreiben an Markus. Über diesen Brief, durch den sie indirekt zu einer ernsthaften Wahrnehmung ihrer schulischen Pflichten gezwungen wurde, beschwerte sich Palina bei ihrem Vater. Dieses Ereignis beschleunigte ihre Pläne, ein freies und ungezwungenes Leben zu führen, wie mir erst später, in den darauffolgenden Tagen, deutlich wurde. Ich konnte mit ihr telefonieren, ihr zuhören und sie trösten. „Wir regeln alles in der Schule, damit du diesem Menschen nicht mehr begegnest. Hab keine Angst! Du kannst auch die Schule wechseln", hatte ich ihr vorgeschlagen. „Nein, Mami, vor dem laufe ich nicht weg. Aber er muss bestraft werden für das, was er mir angetan hat." Darin war sie fest entschlossen. „Ich werde jetzt sofort meinen Anwalt anrufen, damit er eine Anzeige gegen ihn veranlasst." Nachdem wir miteinander gesprochen hatten, war ich etwas beruhigter. Palina war medizinisch versorgt, OP-Termin für Montag geplant und nach meiner Einschätzung konnte ich bedenkenlos meine Auftritte erledigen, um danach beruhigt nach Hause fahren.

Am nächsten Tag ging sie, aus mir bis heute unerklärlichen Gründen, zum Jugendamt und stellte folgende Anzeige gegen mich: „Meine Mutter arbeitet als Cabaret-Tänzerin und vernachlässigt mich. Sie ist nicht immer da und ich möchte künftig bei meinem Vater leben. Ich gehe nicht mehr nach Hause."

Über dieses Anschreiben erhielt ich kurz darauf die Mitteilung des Amtes, knapp formuliert, in ein paar Zeilen. Nichts in meinem Leben hatte mich jemals so betroffen gemacht wie dieser Brief, der aus meinen Händen direkt auf den Boden fiel. Ich fühlte mich, wie mit einem Dolch direkt ins Herz getroffen. Ist das wirklich mein Kind, das fremden Leuten solch ungeheuerliches Zeug erzählt? Von welchem Teufel ist sie besessen? Hatte sie unser ganzes Leben auf einmal vergessen? War es ihr nichts wert, was ich für sie getan hatte? Sie hatte kein einziges Mal einen Wunsch offen gehabt.

Was hatte sie veranlasst, so gegen mich vorzugehen? Ich stand fassungslos da, völlig unter Schock. Nicht mal der Flugzeugabsturz, den ich einige Jahre zuvor überlebt hatte, war für mich eine solche Katastrophe gewesen wie diese Tat meiner undankbaren Tochter.

Mit Sicherheit war es Edi, der Palina den Brief an das Jugendamt diktiert hatte. Für mich war das Ganze nur noch lächerlich. Hatte Edi nicht früher selbst eine Zeit lang im Cabaret getanzt und war wegen seines hohen Alkoholkonsums wieder aus dem Programm genommen worden? Wie konnte er das machen, er als Vater, wenn Tanzen doch angeblich so schlimm war? In diesem Falle dürfte Palina doch auch nicht bei ihrem Vater bleiben. Der Richter des Familiengerichtes sagte mir im Einzelgespräch seine Meinung dazu: „Ich sehe eindeutig, dass Sie für die Bildung Ihrer Tochter alles Erdenkliche getan haben, und ich gebe Ihnen den guten Rat, ab jetzt keinen Pfennig mehr zu bezahlen."

Edi hatte ohnehin keine weiße Weste. Einige Jahre zuvor hatte ich ihm eine Gaststätte geschenkt, ihm diese schlüsselfertig übergeben. Aber auch diese Chance konnte er nicht umsetzen. Nachdem er weder seine Steuerschulden bezahlen konnte noch die AOK-Beiträge für seine Mitarbeiter, musste er eine eidesstattliche Versicherung leisten.

Edi war auf deutschem Boden nicht mehr geschäftsfähig. All meine Bedürfnisse, die ich seit der Ehescheidung vor fünf Jahren natürlicherweise hatte, die mir als Frau auch zustanden, hatte ich zurückgestellt. Nie brachte ich einen Mann nach Hause in unsere gemeinsame Wohnung. Als ich auf unserer gemeinsamen USA-Reise einen Mann kennenlernte, der mir eher männlich als freundschaftlich zugetan war, konnte Palina ihre Unruhe nicht verbergen. Sie befürchtete, ihre Mutter an diesen Mann zu verlieren. Dieser Gedanke machte sie so panisch, dass sie sich auf offener Straße erbrach. Sie wollte mich nur für sich alleine haben und ich habe immer nachgegeben. Auch wenn ich sehr starke sexuelle Bedürfnisse hatte, folgte ich diesen nicht. Meine Tochter war mir der wichtigste Mensch! Alle anderen Menschen, einschließlich meiner selbst, kamen danach, lange danach. Ich hatte die Grenzen meiner Kräfte durchbrochen, mich bemüht, so viel Geld zu verdienen, dass Palina im Überfluss leben konnte. Wo hatte ich mich ihr gegenüber schuldig gemacht? Was hatte ich falsch gemacht? Plötzlich will sie zu ihrem Vater ziehen, der nicht mal eine Idee hatte für ihr Geburtstagsgeschenk. War das sein rachsüchtiger Feldzug gegen mich? Hatte er ihr den Kopf verdreht, sie in diesem Schockzustand versetzt, um mich dafür zu bestrafen, dass ich ihn verlassen hatte? In den nächsten Tagen schlurfte ich herum wie in Trance und konnte nicht mal zwei rationale Sätze zusammenkriegen. So tief war ich in meine emotionale Achterbahn versetzt.

Schon am nächsten Abend packte sie ihre Sachen und wollte zu ihrem Vater ziehen. Meine Mutter rief mich verzweifelt an und berichtete mir darüber. Ich bat meine Mutter, sie so lange dazubehalten, bis ich gekommen wäre. Ich kam am nächsten Tag nach Hause und fand meine Mutter allein und traurig. Meine Tochter war schon gegangen. Da ich von der Anzeige keine Ahnung hatte, fing ich an, sie zu suchen.

Mein erster Gedanke war, dass sie bei ihrem Vater sein könnte. Ich rief zuerst dort an. Er ging nicht dran. Das verstärkte meine Vermutung, dass er versuchte, sie bei sich zu verstecken. Nachdem ich am Telefon mehrfach erfolglos durchgeklingelt hatte, fuhr ich zu seiner Wohnung. Einige Male schellte ich energisch an der Tür, aber keiner machte auf. Ein Unbehagen verstärkte sich in mir, dass meine Tochter und mein Exmann ein Komplott gegen mich aufgebaut hätten. Dennoch hatte ich das alleinige Sorgerecht für unsere minderjährige Tochter und ich hatte auch rechtliche Sorgepflicht für sie. Ich musste wissen, wo sie war. Mein Eindruck war, dass er sie verstecken wollte und deswegen die Tür nicht öffnete. Ich zögerte nicht weiter und ging zum örtlichen Polizeipräsidium.

In der Begleitung zweier Polizisten ging ich wieder zu seiner Wohnung zurück. Die Polizisten klopften fest an der Tür und befahlen ihm, die Tür zu öffnen. Jetzt machte er endlich die Tür auf. „Wo ist Palina?", fragte ich sofort sehr aufgeregt. „Sie ist nicht hier", entgegnete er ruhig. „Das glaube ich dir nicht." „Wo hast du sie versteckt?" Es ging mir sehr schlecht; ich zitterte am ganzen Körper. Ich war sicher, dass er log. „Wo soll sie sonst sein, wenn nicht bei dir?" „Wenn du mir nicht glaubst, komm rein und überzeuge dich selbst!" Er ließ mich durch die Tür. Ich untersuchte jede Ecke der Wohnung. Sogar in Bücherschränken habe ich nachgeschaut. Sie befand sich tatsächlich nicht in der Wohnung.

Mir fiel aber auf, dass auch meine Bücher nicht mehr da waren, die ich ihm geliehen hatte. „Wo sind meine Bücher?", fragte ich entsetzt. Als meine Tochter zehn Jahre alt war, hatte ich mein zweites Geschäft abgegeben und mit Palina einen Monat im Iran verbracht. Es war ihre erste Reise ins Land ihrer Vorfahren. Auch wollte ich, dass sie den anderen Teil der Familie kennenlernte. Wie mein Mann liebte auch ich persische Gedichte und Weisheiten. Deshalb nutzte ich die Gelegenheit, mir einige kapitale Bücher über die persische Kultur zu kaufen, um sie nach Deutschland mitzunehmen. Dabei dachte ich natürlich auch an Edi und kaufte auch für ihn einige Bücher, von denen ich wusste, dass er sie gerne gehabt hätte. Auf das Geld achtete ich nicht, sondern gab etwa 5000 DM für persische Literatur aus. Einen Teil der Bücher schenkte ich Edi, die anderen behielt ich für mich.

Kurz vor diesen unglücklichen Ereignissen hatte Palina die mir verbliebenen Bücher zu ihrem Vater gebracht. Angeblich brauchte er sie als Nachschlagewerke für seine Gedichte. So waren alle meine Bücher zu ihm hinübergewandert. Auf meine Frage gab er mir eine Antwort, die sehr unglaubwürdig war: „Ich habe sie aus Platzgründen in der Garage verstauen müssen, aber durch einen Brand sind sie alle zerstört worden." Sofort durchschaute ich diese billige Ausrede! Gerade ihm waren solche Bücher sehr kostbar. Er hätte sie niemals in einer Garage abgestellt. „Das glaube ich dir nicht." Nun war es Edi zu viel. Er schaute zu den Polizeibeamten hin und drehte sich dann zu mir: „Raus aus meiner Wohnung!" So stand ich vor geschlossener Tür im Hausflur, während die Polizisten noch in der Wohnung blieben. Nach einer Weile öffneten sie einen Spaltbreit die Tür und reichten mir den Telefonhörer meines Mannes heraus. Ich könne mit meiner Tochter sprechen. Vermutlich hatten ihn die Polizisten darauf hingewiesen, dass er sich strafbar machte, wenn er wüsste, wo unsere Tochter war, und mir den Kontakt zu ihr vorenthielte.

Er hatte Palina bei einem iranischen Ehepaar versteckt. Ich kannte diese Familie aus früheren Tagen. Der Mann hatte mir mal ein paar Kleidungsstücke genäht. Sie hatten zwei Söhne im gleichen Alter wie unsere Tochter. Die Frau kannte ich flüchtig vom Theater, da Palina im Saarbrücker Theater zum Ballett ging. Diese Frau sprach nun am anderen Ende der Telefonleitung. Sie erzählte mir, dass es Palina sehr schlecht ginge und sie mit starken Schmerzen zu ihr gekommen sei. Sie sagte, sie habe meiner Tochter als Schmerzmittel etwas in Brotteig geknetetes Morphium gegeben. Mehr könne man jetzt nicht machen. Morgen früh wäre ja auch schon die Operation im Krankenhaus. Palina hatte mich in eine Situation gebracht, die für mich kaum mehr zu ertragen war. Mein Kind in seinem traumatisierten Zustand sucht Zuflucht bei fremden Menschen. Meine fürsorgliche Mutter, ihre Oma, die Palina mit großgezogen hat, sitzt verzweifelt zu Hause. Mein Kind ist aus seinem warmen, umsorgten Nest geflohen, raus in die Kälte. Meine Fassungslosigkeit drohte mich zu erdrücken. Über diese Frau und ihre Familie mag ich kein Urteil abgeben. Es waren einfache Menschen, deren Lebensweise und Weltanschauung der unseren nicht annähernd entsprachen. Doch fand ich es unbegreiflich, wieso diese Frau, die mich doch kannte, nicht bei mir angerufen hatte, um mir zu sagen, dass Palina bei ihnen sei. Als Iranerin musste sie doch selbst wissen, wie behutsam wir mit unseren Kindern umgingen. Ohne mich zu fragen, gab sie meinem Kind auch noch Morphium! Woher hatte sie dieses Zeug überhaupt? Zu diesen Menschen war ich immer freundlich und zuvorkommend gewesen. Nun klang die Stimme der Frau unfreundlich und kalt.

Ich bin eine Kämpferin, schon immer gewesen. Mein erster Impuls war sofort, mich ins Auto zu setzen und gegen diese Menschen vorzugehen. Aber all das, womit ich hier konfrontiert war, hatte mich emotional so niedergeschlagen, dass ich fürs Erste aufgab und nach Hause ging. Seit zwei schrecklichen Tagen hatte ich nicht geschlafen. Aber morgen würde ich sie im Krankenhaus sehen.

Um sieben Uhr kam ich zur Klinik. Edi und Palina saßen dort schon auf der Bank und warteten auf die Anweisungen des Personals. Palina sah mich, stand auf und ich nahm sie in die Arme, glücklich, sie endlich zu sehen. Über alles, was passiert war, sprach ich kein Wort, als wäre seit ihrer Flucht nichts gewesen. Ich verbarg in mir alle meine Ängste und meine Enttäuschung über ihr Verhalten. Nur meine fürsorgliche Liebe sollte noch da sein. Gleich danach wurde sie zur Operation abgeholt. Edi und ich blieben auf der Bank sitzen und warteten.

Während Palina im OP war, kamen alle meine Gefühle vom Vortag wieder hoch. Ich wollte gegen den Jungen, der sie geschlagen hatte, hart vorgehen. Edi dagegen gab sich seltsam bedächtig. Er schien sogar bereit zu sein, die Situation auf sich beruhen zu lassen.

Tatsächlich hatte er ein wichtigeres Thema. Er wollte mich finanziell erpressen, selbst in meiner jetzigen verzweifelten Lage: „Das ist jetzt so: Palina möchte bei mir bleiben. Sie will nicht mehr in deine Wohnung zurück, wo sie die ganzen Erinnerungen an diesen Jungen hat. Du weißt es vielleicht nicht, aber er kam auch nachts heimlich zu ihr, während deine Mutter geschlafen hat. Sie war viel häufiger mit ihm zusammen, als du dachtest." Ich hörte ihn nur noch wie in einem Traum: „Du musst arbeiten, deine Mutter fährt kein Auto. Ich werde Palina aus dem Krankenhaus abholen und werde mich um sie kümmern. Du weißt doch, dass ich kein Geld habe, um ihr all das zu ermöglichen, was sie bei dir hatte. Du könntest mir doch eine Summe – zum Beispiel 50.000 Mark – und monatlichen Unterhalt geben. Du musst ja sowieso arbeiten und dann hast du auch noch die Sicherheit, dass sie es bei mir gut hat."

Diese Worte trafen mich wie ein Donnerschlag. In meinem Kopf läuteten alle Alarmglocken. Mir wurde klar, dass er die Sache mit Palina schon lange geplant hatte, aber erst jetzt die richtige Gelegenheit gekommen war. Er wollte von mir Unterhalt bekommen und ausgerechnet in dieser, für Palina und mich sehr schmerzvollen Lage hatte er die Chance gewittert, Geld aus mir herauszuquetschen. Nur deshalb hatte er das Kind vor mir versteckt. Sie mit einer gebrochenen Nase bei den Bekannten unterzubringen, war wirklich das Abscheulichste, was er mir hatte antun können. Und nun sollte ich all das noch bezahlen. Ich sagte nichts zu seinem Vorschlag, sondern blickte ihn nur noch verächtlich an.

Nach der Operation gingen wir zu Palina ins Zimmer. Sie erwachte aus der Narkose, war aber immer noch im Schockzustand. Sie nahm mich an der Hand und schrie: „Töte ihn! Töte ihn!"

Ich versuchte, sie zu besänftigen: „Beruhige dich bitte, ich habe schon alles unternommen, damit er bestraft wird." Edi und ich gingen gemeinsam aus dem Zimmer.

Sofort fing er wieder mit Geld an: „Na, was denkst du denn über meinen Vorschlag? Sie möchte nicht mehr zu dir zurückgehen."

„Edi, kennst du mich denn nicht? Der Schlüssel zu meinen Handlungen ist die Liebe. Aus Liebe zu meiner Familie bin ich bereit, alles zu tun und alles zu geben, was ich habe. Das habe ich auch dir mehrfach bewiesen. Habe ich dich nicht wieder nach Deutschland geholt und für dich das Cabaret eröffnet, damit du dich durch eine Tätigkeit wohlfühlen kannst? Auch für Palina würde ich nicht nur mein Geld, sondern auch mein Leben opfern. Aber mit solchen schmutzigen und hinterlistigen Machenschaften kannst du bei mir nichts erreichen. Nichts! Nicht mal aus Liebe zu meinem eigenen Kind lasse ich mich so erpressen."

Ich eilte zurück nach Frankfurt, da ich am Abend arbeiten musste. Bisher hat Edi noch nie für das Kind aufkommen müssen. Nun soll er mal sehen, was ein junges Mädchen alles braucht. Aber Unterhaltsgeld bekommt er niemals, nicht von mir!

In der Folgezeit gingen mir viele Gedanken durch den Kopf. Alle drehten sich um meine Vergangenheit mit ihm, mit Edi.

Ich habe ihm alles gegeben, was ich hatte und was ich war: meine Liebe, meine Opferbereitschaft, mein Verständnis, meine Verzeihung und auch letztendlich mein Geld, das ich so schwer verdient hatte. Die Erinnerung an all diese Verletzungen und Enttäuschungen ließen nun meine Gefühle aufkochen, Gefühle voller Hass, Wut und Enttäuschung. Etwas in mir verhärtete sich und ließ mich innerlich vereisen. Ich wollte ihn nur noch töten! Ja, kaltblütig würde ich ihn töten, danach zur Polizei gehen und mich selbst anzeigen. Diese Gedanken ließen mich monatelang nicht los. Die beiden Menschen, die ich im Leben am meisten liebte, betrieben mit mir Hinterlist. Gerade sie hatten mich zutiefst verletzt. Mit meinem Mann hatte ich durch die Scheidung einen Schlussstrich gezogen, aber in meinen schlimmsten Träumen hatte ich nicht erwartet, dass meine Tochter zu solchen hinterlistigen Handlungen gegen mich fähig wäre. Ich war nicht nur ihre Mutter, ich war ihr auch eine ältere Freundin, die sie in den schwierigen Jahren der Pubertät und Sexualität verständnisvoll und fürsorglich begleitet hatte. Ich war sehr enttäuscht, konnte weder essen noch schlafen. Dennoch, einige meiner inneren Teile funktionierten damals noch und ließen mich all die Arbeit schaffen. Wie das möglich war, verstehe ich bis heute nicht. Außer mit meiner Mutter und meiner Schwester konnte ich mit niemandem über dieses Unglück reden. Nur sie wussten über alles Bescheid und teilten mein Leid.

Nach einigen Tagen erholte sich Palina von der Operation und ich suchte eine Gelegenheit, mit ihr alleine zu sein. Sie aß gern chinesisch. So lud ich sie ein und sie kam gerne mit. Ich schimpfte nicht mit ihr und machte auch keine kritische Äußerung über die vergangenen Ereignisse. „Palina, ich verstehe, dass du unter einem Schock standst und paar Sachen gemacht hast, die ich nicht begreifen kann. Was hat dich veranlasst, zum Jugendamt zu gehen? Hat dein Vater dich dazu überredet?"

„Nein, Mama, ich möchte mit ihm zusammenleben. Ich gehe nicht mehr in deine Wohnung zurück. Ich lebe jetzt mit Papa. Er hat doch kein Geld. Du musst ihm Geld für unseren Unterhalt geben." Palina wusste nicht, dass wir bei der Scheidung schriftlich vereinbart hatten, dass keiner von dem anderen Unterhalt bekommt. Edi aber wusste es und versuchte trotzdem, mich zu erpressen.

„Du weißt, dass ich dich über alles liebe, mein kleiner Schatz! Niemals habe ich dir deine Wünsche nicht erfüllt. Aber nun steht deine ganze Zukunft auf dem Spiel. Deine Bildung ist in Gefahr. Komm zu mir zurück, wir können doch in eine andere Wohnung umziehen. Palina, ich habe in meinem Leben so viel Geld an deinen Vater abgegeben, aber für dich hat er nie einen Cent bezahlt. Du weißt doch, dass du alles bei mir hattest. Ich zahle jetzt keinen Cent mehr. Dein Vater ist Alkoholiker. Er wohnt in einer sozial schlechten Gegend. Wie will er dir eine gute Bildung ermöglichen? Wovon will er dein Studium finanzieren?"

„Nein, ich bleibe trotzdem bei Papa."

„Dein Vater hat Feuer gelegt, Palina. Der Rauch zieht nun in deine Augen. Ich kann dich davor nicht mehr schützen." Ab da hatte ich keine Argumente mehr und keine Hoffnung. Sie war eine andere Persönlichkeit geworden. Ich erkannte sie nicht wieder. War das meine geliebte, engelhafte Tochter? Nachdem ich es abgelehnt hatte, ihrem Vater Unterhalt zu zahlen, schaute mich Palina mit fremden Augen an. Wie ein Drache spie sie mit ihren Augen Feuer auf mich. „Du bist nicht mehr meine Mutter." Trotzdem sagte ich ihr:

„Palina, auch wenn du heute noch so denkst, meine Tür und meine mütterliche Liebe stehen dir immer offen."

Als sie begriffen hatten, dass ich nicht bereit war, ihre Wünsche zu finanzieren, versuchten sie, gerichtlich von mir Unterhalt einzuklagen. Auch das iranische Ehepaar hatten sie als Zeugen gegen mich bestellt. Die hatten mich immer, wenn sie wussten, dass ich zu Hause war, angerufen, um mir die Lüge von Edi und Palina zu schildern: „Gib doch wenigstens ein bisschen Geld, damit deine Tochter was zu essen und zum Anziehen hat, ein Paar Socken für die Schule."

Meine Tochter hatte Hunderte von Socken gehabt. Was für einen Unsinn erzählten diese Leute? Sie hatte doch alles im Überfluss gehabt. Sie war kein armes Kind. Es war für mich nur noch dreckig und unwürdig primitiv und alle weiteren Schritte, die sie gegen mich unternommen haben, um an mein Geld zu kommen, widerten mich an. Das Gericht hatte mich von allen finanziellen Pflichten entbunden, denn alle vernünftigen Argumente waren auf meiner Seite. Sogar der Richter und das Jugendamt hatten mir in außergerichtlichen Gesprächen angeraten, in der Sache „hart" zu bleiben und keine Zahlungen zu leisten, damit meine Tochter den Unterschied erfahren und selbst sehen kann, wie gut sie es bei mir hatte.

So verbrachte ich zunächst noch einige Zeit in der Hoffnung, dass Palina doch noch zu mir zurückkäme. Das nächste Gespräch mit dem Richter nahm mir allerdings den letzten Hoffnungsschimmer: „Ich habe mit Ihrer Tochter eine Stunde lang unter vier Augen gesprochen. Sie machte mir zweifelsfrei klar, dass sie lieber bei ihrem Vater bleiben will. Wenn Sie möchten, können wir sie per Gerichtsbeschluss zu Ihnen bringen. Sie drohte allerdings damit, sich vorher aus dem Fenster zu stürzen."

Diese Vorstellung versetzte mich in höchste Vorsicht und ich sah davon ab: „Nein, ich will nicht, dass sie dazu gezwungen wird, bei mir zu leben."

Einige Tage später wollte ich Edi besuchen und mit ihm vernünftig darüber reden, dass die ganze Sache Palinas Erziehung und Bildung schade. Die Haustür war offen und ich bin hoch in die zweite Etage gegangen. Auf der linken Seite lag die Wohnung von Edi und auf der rechten Seite eine Kammer, die zur Wohnung gehörte, in der Palina lebte. Kurz bevor ich oben ankam, habe ich das Stöhnen meiner Tochter gehört. Ich habe kurz auf der Treppe gewartet und überlegt, was ich tun solle. Ich überlegte mir, es wäre besser, zuerst bei Edi zu klingeln. Wenn er in seiner Wohnung wäre und nicht bei Palina, hätte er mir aufmachen können. Wenn er bei Palina wäre und seine Partnerin in seiner Wohnung, hätte sie mir aufgemacht und auch mitbekommen, dass er bei unserer Tochter war. Ich habe mehrmals geklingelt, aber es hat keiner aufgemacht. Ich überlegte mir, dass wenn ich bei meiner Tochter klopfte und er dort drinnen wäre, ich ihn auf der Stelle umbringen würde. Wenn ich zur Polizei gehen würde, könnte er inzwischen verschwunden sein und ich würde dumm dastehen. Ich saß eine Weile auf der Treppe und dachte, dass alles, was ich jetzt machen könnte, sinnlos wäre. Ob Polizei, Jugendamt oder der Versuch, sie auseinanderzubringen. Ich wusste, dass Edi nach seinem Herzinfarkt und den elf Monaten, die er im Krankhaus gewesen war, nicht mehr sexuell aktiv war. Ich bin nach einer Weile aufgestanden und nach Hause gefahren. Auf der Rückfahrt dachte ich, wenn ich Edi umbrächte, würde ich im Gefängnis landen und die beiden feierten hinter meinem Rücken. Wenn ich die beiden gesetzlich auseinander brächte, könnten sie sich trotzdem treffen, wenn ich verreist wäre. Es war vielleicht der vernünftigste Weg, dass ich aus Saarbrücken wegzog. Ich habe für meine Mutter eine kleine Zweizimmerwohnung gefunden, Palinas Sachen zu Edi geschickt, eine Wohnungsauflösung gemacht und bin mit einem Koffer in den Frankfurter Raum gereist.

2. Palinas erster Freund

An den ersten Freund von Palina erinnere ich mich noch heute. Palina war etwa dreizehn oder vierzehn Jahre alt, als sie eines Tages glückstrahlend nach Hause kam und sagte: „Ich habe einen Freund, etwa vierzehn Jahre alt. Er ist Italiener und hat einen kleinen Bauch." Sie sagte: „Jetzt verstehe ich auch, warum Tante Lili mit einem Italiener verheiratet ist, der auch so einen Bauch hat. Weil Italiener so warmherzig sind und weil sie so leckere Spaghetti und Pizza machen. Er macht mir viele Komplimente und ist warmherzig."

Ich habe befürchtet, dass Palina heimlich sexuell aktiv werden würde, außerhalb meiner Kontrolle. Sie war immer ein sehr neugieriges Kind gewesen, alles wollte sie selbst erforschen, ihre eigenen Erfahrungen machen.

Wie schon einige Male zuvor informierte ich Palina über alles, was eine junge Frau über Sexualität wissen musste: Hygiene, ungewollte Schwangerschaft, Geschlechtskrankheiten und so weiter. Sie sollte auch bedenken, was es bedeutete, ein behindertes Kind zu bekommen. In diesem Falle wären Ausbildung und Karriere erst einmal verloren.

„Bitte werde mit deinem Freund nicht zu schnell intim. Du bist noch sehr jung, darum musst du gut aufpassen, den Jungen erst mal richtig kennenlernen, seine Familie kennenlernen und dich selbst gründlich vorbereiten. Vor allem, bitte bringe deinen Freund hierher nach Hause, wenn ihr zusammen sein wollt, dafür hast du dein eigenes Zimmer. Geht nicht auf die Schultoilette." Ich hatte meiner Tochter Aufklärungsmaterial gegeben, darunter eine Tasche mit Informationsbroschüren und eine Tasche mit Hygieneartikeln.

Ich ging in die Einzelheiten, dass sie sich sofort danach waschen solle, denn selbst wenn der Mann außerhalb zum Samenerguss käme und den Körper der Frau benetze, könne der Samen noch viele Stunden, vielleicht noch am nächsten Tag, in den Körper der Frau einlaufen, in ihr hochwandern und eine Schwangerschaft auslösen, selbst bei einer Jungfrau.

Außerdem könne der Junge auch Syphilis übertragen, ohne dass er selbst zuvor Geschlechtsverkehr gehabt hätte. Er könne diese Krankheit von seinem Vater geerbt haben und sie ohne eigenes Wissen an Palina weitergeben.

Einmal wollte Edi unsere Tochter von der Schule abholen und kam dazu, als sie und der Junge sich gerade küssten. Edi war außer sich und machte Palina heftige Vorwürfe mit dem Ergebnis, dass sie ein halbes Jahr lang nicht mehr mit ihm sprach. Er hätte besser Ruhe bewahrt. Ich gab Edi den Rat, auf Palina zuzugehen. Schließlich war er der Vater und musste mehr Vernunft zeigen als seine jugendliche Tochter.

„Auch wenn ich dir zustimme, Edi, jedes Kind lehnt sich gegen Disziplin auf und versucht, die Grenzen seiner Freiheit auszudehnen. Dennoch lehre ich unser Kind, dass jeder von uns, auch du, einen wichtigen Platz hat und dass sie beide Eltern achten muss."

Ohnehin lebten wir nicht mehr im Iran, wo er Palina hätte befehlen können. Hier musste er sie überzeugen.

Auch wenn Edi für seine Tochter nichts bezahlte, sollte er trotzdem seine Pflichten erfüllen. Das wünschte ich mir für Palina. Sie sollte nie vergessen, dass sie auch einen Vater hatte. Leider folgte Edi einem anderen Prinzip – er machte mich häufig bei unserer Tochter schlecht.

* * *

Obwohl ich alles tat, damit Palina den Kontakt zu ihrem Vater behielt, versuchte Edi mit höchster Raffinesse, die Distanz zwischen mir und meiner Tochter zu vergrößern.

So vergingen etwa drei Wochen. Währenddessen hatte ich einen Kurzurlaub auf Teneriffa verbracht. Ich wollte meine Gedanken klären, meinen Kopf von diesem Thriller befreien. Aus meinem Ferienort schickte ich Palina einen langen Brief, in dem ich schrieb, wie sehr sie mir fehle. Nicht einmal diesen tollen Urlaub, mit Show, Disco und Animation, konnte ich so genießen wie früher, als sie noch dabei war.

Diesen Brief zeigte Palina dem Familienrichter. Sie wollte ihm beweisen, wie sehr ich sie vernachlässigte. Ich sollte als schlechte Mutter dastehen, die es sich gut gehen lässt, während ihr eigenes Kind zu Hause bleibt.

Dabei waren es gerade Richter und Jugendamt, die mir geraten hatten, Palina nicht weiter zu verwöhnen, sie den Unterschied spüren zu lassen zwischen ihrem früheren Leben und dem jetzigen. Offenbar hatte sie den Unterschied nun gespürt. Mir sagte der Richter später: „Je stärker Sie Ihre Tochter bedrängen, desto mehr wird sie sich von Ihnen zurückziehen."

* * *

Zwischenzeitlich war ich kurz in Düsseldorf, um einen alten Freund Edis zu besuchen, der schon im Iran sein Nachbar und bester Freund war. Er war schon länger als wir in Deutschland. Er und seine Frau waren immer sehr herzlich zu uns. Ihnen erzählte ich die Geschichte von Palina. Sofort ging der Freund zum Telefon und redete Edi ins Gewissen. „Warum machst du das? Du hast eine gute Frau. Sie hat immer zu dir gestanden, egal, welchen Mist du auch gemacht hast. Hast du vergessen, wie deine Frau dir geholfen hat, als du Probleme mit der Polizei hattest? Sie ist sogar bei dir geblieben, als du ins Gefängnis musstest, weil du dauernd besoffen Auto gefahren bist. Tu mir einen Gefallen, Edi. Nimm deine Tochter und komm mit ihr her, dann können wir gemeinsam über alles reden. Wir wollten uns doch sowieso mal wieder sehen."

Edi lehnte die Einladung sofort ab. „Ich lege keinen Wert auf irgendwelche inszenierten Versöhnungen." Edis Freund machte noch weitere Angebote, zum Beispiel, dass Edi doch auch alleine kommen könnte. Doch auch dazu ließ Edi sich nicht überreden. Er wusste, dass sein Freund kein Verständnis haben würde für seine rachsüchtigen, satanischen Übungen. Wozu sollte sich Edi auch umstimmen lassen? Er wusste ja, dass er meine Lebensader erwischt hatte, dass er nur noch zudrücken musste, um mich zu erledigen.

3. Besuch bei Palina

Ich wollte Palina besuchen und hatte für sie ein paar Blumen gekauft. Sie war nicht zu Hause, doch Edi ließ mich eintreten. Als Palina kurz darauf kam, begrüßte ich sie auf Spanisch, was wohl schon ihren ersten Zorn hervorrief. Vor Jahren hatte ich ihr nämlich einen Fernseher mit Satellitenempfang gekauft, mit dem sie französisches TV-Programm sehen konnte. Auf diese Weise sollte sie Fremdsprachen erlernen. Daran erinnerte sie sich nun offenbar. Sie fragte: „Hast du mal wieder einen Sprachkurs für mich vorbereitet, zum Spanischlernen?"

„Warum nicht?", sagte ich. „Spanisch ist eine schöne Sprache, aber die kann man auch in den Ferien lernen. Wenn du jetzt mit deinem Englisch und Französisch auskommst, ist das erst mal gut genug." Ich habe sie umarmt, aber sie war kalt und trocken wie ein Stock. Sie musste vom Gericht erfahren haben, dass ich keinen Unterhalt mehr zahlen würde. Diese Neuigkeit und mein Teneriffa-Urlaub waren vermutlich der Auslöser ihrer Wut. Kaum dass ich zur Tür hereingekommen war und ein paar Worte gesagt hatte, war sie schon höchst erregt. Ihr war wohl klar, dass sie und ihr Vater künftig von der Sozialhilfe leben würden.

Edi nutzte die Gelegenheit zu einer Show-Einlage: „Palina, hol deine Schultasche."

Sie holte ihre Schultasche und breitete deren Inhalt auf dem Boden aus. Auch wir setzten uns alle drei auf den Boden.

Nach den ersten paar Sätzen brach zwischen Palina und mir ein wahres Feuer aus. Sie versuchte, mich mit krankhaften Anschuldigungen zu beleidigen: Ich könne sie nicht verstehen, keine ihrer Handlungen. Ihr Verhalten erschien mir nur noch hysterisch, schizophren geradezu. Sie sagte: „Du bist gekommen, mich zu töten." Sie sprang auf, rannte in die Küche und kam mit einigen Messern zurück, die sie mir vor die Füße warf. „Nun kannst du mich umbringen!" Sie wirkte so krankhaft hysterisch, dass ich unwillkürlich die Dämonie wiedererkannte, die ich nachts bei Edi erlebt hatte, mit dem Unterschied allerdings, dass Edi viel Alkohol brauchte, um diesen Zustand zu erreichen. Es war eine ungeheure, feurige Energie, die aus Palinas Augen sprühte, als würde sie von Dämonen gelenkt. Nie hatte ich Palina gedroht, dass ich sie töten würde.

Auf unserer gemeinsamen USA-Reise hatte ich erst mal sehr ernst mit ihr gesprochen: „Wer jemals deine Bildung behindert, der kriegt es mit mir zu tun!" Dachte sie vielleicht daran? Niemals, nicht mal in Gedanken, hatte ich Palina töten wollen, so, wie ich Edi manchmal hätte töten können in seinen dämonischen Nächten.

Ich wollte sie fest in den Arm nehmen und mit ihr reden, obwohl ich gleichzeitig längst wusste, dass Edi hinter dieser Show steckte. Nun ging Palina zum ersten Mal körperlich auf mich los. Mein eigenes Kind! Ich packte ihre Haare ganz fest, sodass sie sich nicht mehr bewegen konnte, und fragte Edi: „Ist es das, was sie bei dir gelernt hat, auf ihre Mutter loszugehen? Für mich seid ihr ab jetzt der letzte Dreck! Von mir werdet ihr nichts mehr bekommen. Nicht mal mein Erbe. Mit euren satanischen Übungen kommt ihr bei mir keinen Millimeter weit."

Edi wollte äußerlich neutral bleiben und versuchte, Palina aus meinen Händen zu befreien und sie zu beruhigen. Ich sagte: „Das war der letzte primitive Akt, der jemals zwischen uns stattgefunden hat." Dann verließ ich den Raum.

Draußen auf der Treppe dachte ich: „Was ist mit meinem Kind geschehen? Sie ist so verhext. Steht sie unter Drogen?" Diese Frage stellte ich mir. Tausende von Gedanken strömten wie ein Wasserfall durch meinen Kopf. Ich fühlte mich sehr schlecht.

Gleichzeitig fiel es mir wie Schuppen von den Augen, worum es hier wirklich ging: Zu Edis kleiner Zweizimmerwohnung, in der auch seine Freundin und ihr etwa achtjähriger Sohn lebten, gehörte eine winzige Besenkammer im Treppenhaus. Diese Kammer wurde nun extra für Palina ausgeräumt, weil das Jugendamt für sie ein eigenes Zimmer verlangte. Mein Herz krampfte sich zusammen, wenn ich daran dachte, was für ein großes, schönes Zimmer Palina bei mir hatte, verglichen mit dieser lächerlichen Abstellkammer, die aber mit Sicherheit noch einem anderen Zweck diente – hier war Edi endlich ungestört, um mit Palina seine satanischen Neigungen auszuleben.

Auf dem Weg dachte ich: Will sie mich wirklich so schamlos aus ihrem Leben verstoßen mit diesen krankhaften Lügen? Wenn ja, wie wollte ich es verhindern? Selbst wenn ich nach Freiburg umziehen würde, was ich vorhatte, hätte das nicht ausgereicht, um Edi von ihr fernzuhalten. Um unseren Lebensunterhalt zu sichern, musste ich viel arbeiten, musste viel reisen. Zudem wurde meine berufliche Situation immer schwieriger. War ich doch bereits über vierzig, ein Alter, in dem eine Tänzerin nicht mehr so ohne Weiteres engagiert wird.

4. Meine Tochter hat geklaut

Obwohl meine Tochter eine verwöhnte Göttin war, stand eines Tages die Polizei vor meiner Haustür. Meine Mutter rief mich an, dass die Polizei vor der Haustür stehe. Ich war gerade auf Reisen und sagte ihr, sie solle der Polizei den Hörer geben. Beim Gespräch kam heraus, dass meine Tochter einen Kugelschreiber in einem Kaufhaus gestohlen hatte. Mit einem Mal verstand ich die Welt nicht mehr, mein Kopf drehte sich. Tausende Gedanken schwammen mir durch den Kopf. In Gedanken ging ich zurück in der Zeit, um herauszufinden, weshalb meine Tochter etwas stahl. Ich versetzte mich zurück in die Zeit, in all die Jahre seit ihrer Geburt. Es hatte ihr nie an irgendetwas gefehlt. Sie hatte alles gehabt, was sie wünschte. Auf einmal erinnerte ich mich an einen Moment, als zwei Wochen vor ihrem Geburtstag mein Exmann bei uns zu Besuch war und er unsere Tochter gefragt hat, was sie sich zu ihrem Geburtstag wünsche. Daraufhin hat sie zwanzig Minuten lang in Stille nachgedacht. Irgendwann wurde mein Exmann ungeduldig und sagte: „Ich hab dir eine Frage gestellt, du hast noch nicht geantwortet!" Sie sagte: „Ich bin auf der Suche zu finden, was ich brauche, denn meine Mutter hat mir alles, was ich wünsche, gekauft. Ich weiß überhaupt nicht, was ich mir wünschen soll." In diesem Moment dachte ich, wenn ein Kind überhaupt keinen Wunsch hat, wieso klaute es dann überhaupt etwas? Meine Welt stand auf dem Kopf. Ich verstand nicht, weshalb sie einen Kugelschreiber klaute. Wie kommt ein Mensch überhaupt so weit, einen Kugelschreiber klauen zu müssen? Als ich 21 war, war mein erster Job Flug-Stewardess und bei meinem ersten Flug nach Mumbai kam ich erst um 23 Uhr abends in der Stadt an und habe dort Tausende von Menschen gesehen, die am Straßenrand nebeneinanderlagen wie Spieße auf dem Grill. Sie trugen weiße Panjabi-Gewänder und ich habe mich gewundert, weshalb diese Menschen dort lagen. Sind sie krank oder ist etwas Besonderes passiert? Ich war in Begleitung von älteren Stewardessen und fragte sie, was die Menschen in diese Situation gebracht hätte. Sie erklärten mir, das sei ganz normal. Es gebe hier Millionen Menschen, die weder Essen oder Trinken noch Geld noch ein Zuhause noch Familie hätten und lediglich ein einziges altes, weißes Panjabi-Gewand besäßen. Wenn sie Glück haben, bekommen sie einen Platz auf einer Sitzbank an der Straßenseite, um nicht auf dem Boden liegen zu müssen. Und wenn sie noch mehr Glück haben, können sie sich tagsüber ein bisschen Geld, zum Beispiel als Gepäckträger, verdienen und davon eine kleine Mahlzeit besorgen. Wenn diese Menschen ein Stück Brot klauen, um satt zu werden, oder ein Päckchen Milch für ihre Babys, verstehe ich das. Aber meine Welt bricht zusammen, wenn meine verwöhnte Tochter, die alles hat, was sie braucht, einen Kugelschreiber klaut.

Ich erinnere mich an das Buch „Les Misérables" von Victor Hugo, in dem Jean Valjean vor Hunger ein Fenster in einer Bäckerei zerstört und ein Brot stiehlt. In meiner Kindheit war meine Familie weder arm noch reich, aber mein Vater verlor eines Tages durch einen Betrug seine Teilhabe an einer Transportfirma und drei Jahre lang hatten wir sehr wenig Geld. In dieser Zeit war ich 16 oder 17 Jahre alt. Eines Tages hatten wir gar kein Geld und hatten nur etwas Brot und Käse. Als meine Mutter das Tuch um das Brot öffnete, stürzten sich plötzlich lauter Ameisen auf den Laib und den Käse und so hatten wir gar nichts mehr zu essen. Trotzdem kamen wir niemals auf die Idee, auch nur ein Stückchen Brot zu stehlen.

Was ist im Kopf meiner Tochter passiert, die keine offenen Wünsche hat und trotzdem einen Kugelschreiber klaut, den sie noch nicht einmal braucht? In jedem Fall habe ich das Gespräch mit der Polizei geführt und der Polizist riet mir, einen Rechtsanwalt zu besorgen. Ich habe mich sofort darum gekümmert, der Anwalt kostete mich 700 Deutsche Mark. Am Verhandlungstag fragte der Richter meine Tochter: „Wie viel Taschengeld bekommst du, mein Kind?" Weil meine Tochter etwas länger überlegte und nicht zählen konnte, wie viel Geld ich ihr gegeben hatte, fragte der Richter noch, ob sie überhaupt genug Taschengeld bekomme. Meine Tochter antwortete: „Ich kann es nicht zählen, weil meine Mutter immer 200 Mark auf dem Tisch liegen lässt und sagt, wenn sie nicht da ist, darf ich so viel davon nehmen, wie ich brauche. Ich muss nur aufschreiben, wofür ich es ausgegeben habe, damit sie kontrollieren kann, was ich damit mache. Essen und Trinken sind natürlich erlaubt. Und wenn nur noch 50 Mark auf dem Tisch übrig sind, soll ich sie erinnern, damit sie wieder 200 Mark hinlegt."

Sie hatte also unbegrenzt viel Taschengeld! Und weil ich meiner Tochter immer teure Klamotten, Schuhe, Spielzeug und alles, was sie zum Leben brauchte, gekauft habe, brauchte sie auch nicht viel Taschengeld. Ein Beispiel: Meine Tochter wollte ein Skateboard haben. Ich besorgte ihr erst ein günstiges für 50 Mark, damit sie das Fahren erst einmal ausprobieren konnte. Das klappte, aber sie wollte ein stabileres Brett mit besseren Rädern haben. Wir lebten in Saarbrücken und zu dieser Zeit war Frankfurt am Main die nächstgelegene Adresse für die teureren Modelle. Wir fuhren also 200 Kilometer dorthin und 200 Kilometer zurück, um ein Skateboard für 500 Mark zu besorgen. Ich habe sie zur Musikschule, Ballettschule, Tanzschule und Sprachschule geschickt, damit sie von vielem Ahnung und Bildung bekam.

Ich sagte dem Richter, meine Tochter bekäme alles Wichtige im Leben und sogar alles Unwichtige. Sie hat keinen Grund, irgendetwas zu klauen. Wie kam sie auf diese Idee? Der Richter fragte mich, ob ich einverstanden wäre, eine Geldstrafe von 700 Mark zu bezahlen. Ich antwortete: „Ich habe schon 700 Mark Rechtsanwaltskosten bezahlt. Wollen Sie auch noch eine Mutter bestrafen, die alles für ihre Tochter tut? Sie müssen meine Tochter bestrafen, die klaut, obwohl sie genug Geld hat! Damit es ihr eine Lehre ist!"

Ich erinnere mich nicht genau, wie viel, aber daraufhin bekam sie etwa 20 Stunden Sozialarbeit zugeteilt. Der Richter fragte meine Tochter und mich, ob wir damit einverstanden wären, und wir stimmten zu.

Meine Tochter trug zur Gerichtsverhandlung eine Levis Jeans für 130 Mark, eine Levis Jeansjacke für 360 Mark und Markenschuhe für 100 Mark. Als der Richter meine Tochter fragte, wieso sie überhaupt den Kugelschreiber gestohlen hätte, sagte sie: „Um Anerkennung von meinen Freunden zu bekommen." Die anderen hätten auch alle etwas geklaut, nur sie hätte sich zuerst geweigert. Sie wollte den anderen beweisen, dass sie auch klauen kann.

Als die Zeit kam, dass meine Tochter die Arbeitsstunden verrichten musste, musste sie als Erstes vier Stunden lang Kartoffeln in einer Krankenhausküche schälen. Sie hatte bis zu diesem Zeitpunkt noch nie Kartoffeln geschält und deshalb viel zu dick geschält, sodass der Chef am zweiten Tag sagte, sie solle lieber den Rasen bewässern. Sie kam von

Kopf bis Fuß verschmutzt nach Hause, sogar im Gesicht hatte sie Erde! Deshalb sollte sie am dritten Tag lieber Handtücher in der Wäscherei falten. Insgesamt 700 Stück sollte sie falten und dabei die kaputten aussortieren. Abends kam sie vollkommen geschafft nach Hause, wieder von Kopf bis Fuß verschmutzt. Nach dem Duschen habe ich sie noch mal in den Arm genommen und ihr in Liebe gesagt, sie solle sich keine Sorgen machen, dass sie ihren Freunden nicht beweisen konnte, etwas klauen zu können, ohne dabei erwischt zu werden. Sie brauche das auch nicht noch mal zu probieren, da es keinen Wert im Leben habe, sich als guten Dieb bezeichnen zu können. Wenn man sich viel Mühe gebe, ein sehr guter Verbrecher zu sein, dann könne man am Ende nur eine Satans-Stufe erreichen!

5. Mein perfekter Gentleman

Ich lernte Edi in einem Filmstudio kennen. Er war Chef der Synchronisation. Seine Stimme war sein mächtigstes Instrument, was ihn sehr stolz machte. Mit ihr konnte er spielen, moderieren, akzentuieren und auch manipulieren. Zahlreichen großen Stars der Filmgeschichte hat Edi seine Stimme geliehen, ihre Worte und Ausdruckskraft in die persische Sprache übertragen.

Dadurch war er in Teheran eine bekannte Persönlichkeit. Durch seine Tätigkeit kannte er sich in vielen Dingen und Lebensbereichen aus. Wenn er beispielsweise einen Film oder eine TV-Serie über ein Gerichtsthema synchronisierte, nutzte er das als Möglichkeit, sich zu informieren und einiges über die Justiz kennenzulernen. Seine Neugierde war sehr groß und mit seiner Intelligenz fasste er alles schnell auf. Edi hätte Richter, Rechtsanwalt, Arzt, Architekt oder sonst etwas werden können. Dank seiner ausgezeichneten Beobachtungsgabe durchschaute er alles, was sich um ihn herum abspielte. Mit seinen Talenten begeisterte er seine Angestellten und überhaupt alle Menschen, die mit ihm zu tun hatten. Meine Bewunderung für ihn entwickelte sich aufgrund seiner Intelligenz, seines enzyklopädischen Wissens und seiner Klugheit. Sein Aussehen belegte bei mir den zweiten Platz, obwohl er ein aufregend gut aussehender und sehr sympathischer Mann war, der mir vom ersten Moment an sehr gefiel.

Mit meinem perfekten Mann wollte ich mein ganzes Leben verbringen. Ich hatte nichts an ihm auszusetzen. Er war ein makelloser und perfekter Gentleman und ich konnte mir keinen anderen Mann neben mir vorstellen.

Doch der tagsüber perfekte Mann verwandelte sich nachts in einen Dämon.

„Alkohol ist die Mutter der Verderbtheit", lautet ein arabisches Sprichwort, das auch im Iran sehr häufig verwendet wird.

Der Perfektionist in jeder Hinsicht, den ich abgöttisch liebte, trank Alkohol. Tagsüber nahm er etwas kleinere Mengen zu sich, die sein Verhalten nicht beeinflussten, aber mit Eintritt der abendlich-nächtlichen Stunden stieg sein Alkoholpegel über die Ufer der üblichen gesellschaftlichen Betrunkenheit hinaus und verwandelte ihn in einen dämonischen, paranoiden, schizophrenen Menschen.

Seine theatralischen „Vorführungen", die er auf der Bühne des täglichen Lebens selbst spielte, fand ich am Anfang sehr amüsant. Er spielte ständig wechselnde Rollen, wie es ihn gerade ankam, um eine perfekte Show für die Zuschauer abzugeben. Dabei war es ihm völlig gleich, welches Publikum er vorfand: die engsten Familienmitglieder, unsere Kunden oder völlig unbekannte Menschen auf der Straße. Sie alle kamen in den Genuss seiner Darbietungen. Seine Bewegungsart entsprach bis ins kleinste Detail seiner imaginären Rolle, um den perfekten Eindruck zu geben. Die ganze Welt war sein Schauplatz, auf dem er Regie und Hauptrolle gleichzeitig übernahm. In jedem Moment erwartete er die Bewunderung und den Applaus irgendwelchen Publikums. Sein Rampenlicht ging niemals aus.

Ich erinnere mich an seine grazile und selbstdarstellende Art, wie er sich am Rand des Schwimmbeckens bewegte. Er war in seinem Element, schien von einer unsichtbaren Kamera begleitet. Hier genoss er die bewundernden Blicke der Menschen, besonders die der Frauen, wenn diese überrascht aufblickten.

Seine Bewegungen mussten sehr ästhetisch aussehen, denn er wollte niemandem Anlass geben, ihn zu belächeln. Ob wir schwimmen gingen, zum Tanzen in die Stadt oder sonst wo waren, er hatte sich selbst entworfen und musste seiner Vorstellung entsprechen. Auch wenn er im Vergleich mit anderen Männern nicht immer der schönste war, zog er doch jedesmal die Aufmerksamkeit auf sich. Zudem war Edi ein Gentleman nach Maß. Ich lächelte innerlich, als er mir mit einer theatralischen Geste die Autotür aufhielt und wartete, bis ich komfortabel saß. Auch meine Mutter behandelte er höflich und zuvorkommend. Jeder Theaterbesuch wurde zum zusätzlichen Theater. Sein Anzug und das ganze Erscheinungsbild entsprachen dem, was er aus Filmen kannte, wenn die High Society ins Theater ging.

Natürlich hatte auch ich vornehm und elegant auszusehen, wenn ich mich öffentlich mit ihm zeigen wollte. Als wir noch in Hamburg lebten, gingen wir häufig mit meiner Mutter ins Restaurant, wo ebenfalls alles perfekt sein musste: perfektes Gedeck, perfekte Küche, perfekte Bedienung. Und selbstverständlich hatten Mutter und ich auch perfekt zu essen. Die Schmach hätte ihn getroffen, wenn mir auch nur ein Reiskorn auf die Tischdecke gefallen wäre. Auf jeden Fall waren seine „normalen" Wesenszüge die eines Perfektionisten. Nur so wollte er wahrgenommen werden. Wir hatten Geld, zeitweise Millionenvermögen, bis er alles durchgebracht hatte, perfekt durchgebracht. Auf der Straße, in Restaurants oder sonst wo, überall diskutierte Edi mit Menschen. Kein Ort und kein Thema waren ihm zu gering, um sein Wissen und seine Gelehrsamkeit zu zelebrieren. Dabei beherrschte er alle Kommunikationskünste. Zu sagen „Ich liebe dich!" war für ihn nicht nur eine Liebeserklärung. Über diese Aussage konnte er stundenlang philosophieren und Kommunikationsdiskurse daraus machen: „Ich liebe dich!", sagt aus, dass ich diese Person bin, die dich liebt. Wenn ich aber sage: „Ich liebe DICH!", heißt das, dass ich nur dich und keine andere Person liebe." Und so konnte er stundenlang Menschen etwas vortragen oder vorspielen, bis diese ihm genügend Bewunderung schenkten. Daraus holte er sich Energie von den Menschen und nährte sein Ego. Zwanghaft und um jeden Preis musste er sich und den anderen immer wieder beweisen, dass er mehr wusste, um jeden Preis musste er sich und den anderen immer wieder beweisen, dass er mehr konnte. Durch seine langjährige Tätigkeit als Chef für Filmsynchronisation hatte er vielen berühmten Schauspielern seine Stimme geliehen. Dabei versetzte er sich selbst in sie hinein, versetzte sich in die Rolle des Charakters, den er gerade synchronisierte, und ahmte ihn nach.

Edi verstand meisterhaft, mit seiner Stimme umzugehen, und seine Art zu erzählen vermochte viele Menschen zu verzaubern, leider auch zu manipulieren.

Ehrlicherweise muss ich sagen, dass er auf diesem Gebiet ein wirklich toller Künstler war und er die großen Erfolge in seiner Heimat absolut verdiente. Leider hat er sich mit dieser Arbeit so stark identifiziert, dass er auch in seinem Privatleben alle Rollen weiterführte, die er im Synchronstudio gespielt hatte.

Er liebte es, heute Clark Gable, morgen John Wayne und übermorgen sonst wer zu sein. Diese Rollen gaben ihm ein Gefühl von Größe und Macht. Edi war jemand, der alles konnte, egal, ob er sich jemals damit beschäftigt hatte oder nicht.

Dichten konnte er auch. In jedem Moment und aus jeder Situation konnte er ein Gedicht machen und es direkt niederschreiben, sei es auf einer Serviette, einem Stück Packpapier oder was er sonst gerade vorfand. Leider blieben seine Werke als lose Blätter in einer Kiste vergraben. Es war ihm zu mühsam, eine Auswahl seiner Schriften als Buch zu editieren.

Beide zusammen waren wir sehr kreative Menschen. In einer Lebensphase beschäftigte ich mich mit gesunder Ernährung. Edi war begeistert und wollte an meinen Aktivitäten teilhaben, was eigentlich eine schöne Sache gewesen wäre, hätte er diese Teilnahme nicht erneut zum Anlass seiner Selbstdarstellung genommen. Er hatte ein starkes Bedürfnis, anderen zu beweisen, dass er alles wusste und konnte. Meine Bücher über Ernährung inspirierten ihn zu Gedichten über Früchte. Mir gefiel diese Idee und ich malte zu seinen Gedichten die entsprechenden Früchte. Dadurch entstand ein wunderschönes Buch, das ich unbedingt veröffentlichen wollte.

Da Edi diese Gedichte in Persisch geschrieben hatte, wollte ich das Manuskript bei der nächsten Reise nach Teheran mitnehmen und es dort veröffentlichen.

Noch weitere Gründe sprachen für diese Reise. Seitdem ich meine alte Heimat zuletzt besucht hatte, war viel Zeit vergangen. Ich wollte meinen Vater wiedersehen, der inzwischen eine neue Villa am Kaspischen Meer gebaut hatte. Hier wollte ich mich inmitten meiner übrigen Verwandtschaft gründlich erholen. Außer meiner Mutter und meiner Schwester Lili, die beide mit mir lebten, hatte ich meine Familie seit Langem nicht gesehen.

Mittlerweile hatte sich das gesellschaftliche Klima im Iran dramatisch verdüstert, für Poesie gab es keine große Empfänglichkeit mehr. Unser reizendes Gedichtsbüchlein über Früchte entsprach nicht mehr dem herrschenden Geist.

Damit ich in den Iran reisen durfte, musste ich ein Kopftuch oder so eine Pinguinsrobe tragen. Anders als meine Mutter hatte ich es stets abgelehnt, meinen Kopf zu verhüllen. Meine Eltern zwangen mich auch nicht dazu. Sie überließen es mir, auch in Glaubensfragen meine eigenen Entscheidungen zu treffen. Und so nahm ich es auf mich, ein Kopftuch zu tragen. Nicht einmal zu Zeiten des Schahs hatte dieser Zwang bestanden. Nicht nur, dass ich es nicht mochte, ich war auch eine prinzipielle Gegnerin der Kopftuchpflicht. Der Grund dafür, dass im Islam ein Kopftuchzwang besteht, ist der Glaube, dass die Haare der Frau von keinem fremden Mann gesehen werden dürften, da sie anderenfalls nach ihrem Ableben in der Hölle an den Haaren aufgehängt würde. Außerdem seien die Haare, wie auch andere Körperteile, erotische Symbole und diese Bereiche dürften nur im engen Familienkreis (Ehemann, Vater, Bruder, Onkel) gezeigt werden, wo solche Gefühle nicht aufkommen dürften.

Manchmal denke ich an die vielen Millionen Deutschen, die nackt in die Sauna gehen. Werden auch die in der Hölle aufgehängt, an ihren Schamhaaren womöglich? Oder den Kopfhaaren?

Sehr schnell verstand ich, dass ich in dieser neuen politischen Umgebung keinen Verlag für unsere Gedichte finden würde. Dabei behielt ich unser Manuskript und kehrte zurück nach Deutschland. Wie sollte ich mich in diesem neuen Iran jemals zurechtfinden können?

Das Land war mir so fremd geworden.

Mit wie vielen Gaben war dieser Mensch gesegnet! In scheinbar aussichtslosen Situationen fand Edi, dank seiner Kreativität, eine Lösung und konnte einen Rat geben. Ich erinnere mich an eine Situation, die mich damals in großen Stress versetzt hat. Gerade waren wir dabei, unser neues Tanzlokal in der Innenstadt zu eröffnen – ein groß angekündigtes Ereignis –, als ausgerechnet jetzt unsere teure Kaffeemaschine versagte.

Edi war zwar kein Fachmann, wenn es um handwerkliche Dinge ging, doch war er nicht zu bremsen. Unverdrossen brachte er die Maschine in Ordnung und nur der liebe Gott weiß, wie er den Fehler entdeckt hat. Für unser künftiges Geschäft wäre es ein Verhängnis gewesen, am Tag der Eröffnung die Gäste ohne Kaffee zu empfangen.

Es gab Tage, da war Edi wirklich ein Mensch im Sinne der menschlichen Werte, Tage, an denen er zeigte, welch edle Eigenschaften in ihm steckten.

Leider werden Tage durch Nächte unterbrochen, jene dunklen Zeiten, in denen Edi seine satanischen Neigungen ausübte.

Auf einer Urlaubsreise durch Spanien, wir fuhren über eine sehr steile Passstraße, sahen wir ein Auto an der Seite stehen, davor zwei ältere Engländerinnen. Das Auto war wahrscheinlich überhitzt und wollte nicht mehr weiter. Er, der nicht mal eine Stunde in einer Werkstatt verbracht hatte, stieg aus und versuchte, das Auto in Bewegung zu bringen.

Stundenlang saßen wir, unsere kleine Tochter, meine Mutter und ich, im Auto, während er den fremden Damen zu helfen versuchte.

Zum Schluss schleppten wir sie etwa 50 km mit unserem Auto bis zur nächsten Werkstatt.

Eine iranische Familie in Spanien verbrachte also viele Stunden, um zwei unbekannten englischen Damen zu helfen. Das war er auch. Ein guter, mitfühlender, hilfsbereiter Mensch. In einer anderen Wirklichkeit wiederum war er ein armer, kleiner Wurm, der vor seiner inneren Unvollkommenheit in den Alkohol geflüchtet war, um sich selbst nicht sehen zu müssen. Er hat ja eine Ausrede gehabt: Er war an diesem Abend oder an diesem Tag betrunken gewesen. Es folgten die Reihen seiner Entschuldigungen, um das zerschlagene Porzellan bei mir und in unserer Beziehung wieder zu kitten.

Er hatte ein zwanghaftes Bedürfnis nach Sex mit anderen Frauen. Ich wusste davon und hatte ein unausgesprochenes Verständnis für die Zügellosigkeit. Es wurde von Zeit zu Zeit stärker in ihm als alles andere, was ihm im Leben etwas bedeutete. Dabei war unser Sexualleben von einer starken Anziehungskraft geprägt. Wir hatten Sex in allen nur erdenklichen Situationen und Orten, an denen wir uns gerade befanden.

Wir schliefen zusammen in einem Bett, umschlungen mit unseren Armen und Beinen. Unser Beischlaf konnte immer wieder neu entflammt werden. Auch nach dem fünften Orgasmus konnte seine Berührung über meinen nackten Körper neue Flammen entfachen und ich war wieder sexbereit. Wann immer er wollte, war ich zum Beischlaf bereit und hatte ihn nie zurückgewiesen. Ich war einfach eine geile Frau und seine sexuelle Energie passte perfekt zu meiner Geilheit. Es gab in meinem Leben keinen Mann mehr nach ihm, der so einen Schlüssel zu allen meinen geheimen Toren besaß.

Trotzdem musste er immer wieder ein neues „Dreieck" haben. Es war für ihn wie eine Droge. Genau so, wie er für mich wie eine Droge gewesen war. Er hat mir auch offen gesagt, dass er das brauche und dass es nichts mit der Liebe zu mir zu tun hätte. Am nächsten Tage wollte er davon natürlich nichts mehr wissen. Ich hatte ihn darauf auch nicht mehr erinnert. Ich liebte ihn, hatte es verstanden und ungewollt akzeptieren müssen. Egal, was er getan hatte oder wie böse wir zerstritten waren, stets war ich bedingungslos an seiner Seite und hätte alles getan, um ihn aus der Sache herauszuholen. Auch Jahre nach unserer Trennung sehnte ich mich nach seiner Umarmung in meinem einsamen Bett. Aber ich wusste, dass ich festbleiben musste, denn diese

Energie und das weitere Leben mit ihm hätten mich vernichtet.

Kann es sein, dass eine Situation in seiner Kindheit ihn so stark geprägt hatte, dass er sich nie von jenem Schock erholt hatte? Wurde er von Schuldgefühlen heimgesucht? Ein Kind wünschte sich nichts mehr als die Liebe der Mutter und des Vaters und eine heile und glückliche Familie. Er hat sich dafür verantwortlich gemacht, dass er die Schuld an der Zerstörung dessen hatte, wonach er sich als Kind am meisten gesehnt hat. Warum hat er sein ihm angeborenes Potenzial im Lauf seines Lebens nicht auf richtige Art und Weise genutzt und umgesetzt?

Einmal erzählte er mir, in betrunkenem Zustand, ein Ereignis aus seiner Kindheit, das sein ganzes Leben geprägt hat. Ich lernte nie seine ganze Familie kennen. Nur seinen Vater hat er mir vorgestellt. Er war ein Einzelkind. Seine Mutter war von Herkunft eine Russin, sein Vater war Iraner. Die grünen Augen hat mein Mann von seiner russischen Mutter geerbt. Er wiederum vererbte sie meiner Tochter. Über seine Familie weiß ich nicht viel und ich habe ihn auch nie genau über seine Familie ausgefragt. Aber jetzt, zurückblickend, kommt mir sein Verhalten bezüglich seiner Herkunft sehr merkwürdig vor.

Wieso wird in eine iranische Familie elf Jahre lang kein weiteres Kind hineingeboren?

Meine Eltern haben vier Kinder auf die Welt gebracht. Und in jener Zeit war es üblich, eine kinderreiche Familie zu haben. Ich habe das Gefühl, dass es möglicherweise dunkle Geheimnisse in dieser Familie gab. Dagegen wollte er alles über meine Familie hören, bis zum letzten Familienmitglied. Nie habe ich seine Tanten, Onkel usw. kennengelernt.

Ich liebte ihn und das alles um ihn herum habe ich nie hinterfragt oder erforscht.

Edi war von Natur aus ein unglaublich neugieriger Mensch, der über alles Bescheid wissen wollte. Mit dieser Gabe wäre er ein perfekter Kriminalpolizist geworden. Wenn uns jemand besuchen kam, durchwühlte er insgeheim alle Sachen des Besuchers, um sich ein Bild über diese Person zu machen, insbesondere, um die negativen Seiten des Besuchers aufzudecken, die seine Persönlichkeit aufwies. Auch wenn eine Tasche unter Verschluss war, konnte er sie öffnen, um den Inhalt zu untersuchen. Natürlich hat es ihn besonders gereizt, wenn etwas unter Verschluss stand. Dann wollte er erst recht sehen, was dahintersteckte.

Allen Menschen begegnete er zuerst mit großem Misstrauen und war stets auf der Suche nach den Beweisen, um dieses negative Bild, das er von den Menschen hatte, zu erhärten. Dies tat er auch bei Menschen, die ich liebte und die mir nahestanden. Damit wollte er mir beweisen, dass auch diese Personen Fehler hatten und nicht wert waren, geliebt zu werden. Er musste ständig in allem recht haben: „Siehst du, dass ich recht habe. Diese Person ist nicht so, wie du dir gedacht hast."

Meine Liebe sollte nur auf ihn gerichtet sein.

Trotzdem hatte bei mir jedes Familienmitglied seinen Platz und er konnte mich in diesem Punkt niemals negativ beeinflussen. Er hatte einfach unrecht.

Edi konnte es nicht ertragen, wenn ich liebevoll von meinem Vater, meiner Mutter, meiner Schwester, meiner Freundin oder sonst jemandem sprach.

Dadurch fühlte er sich niedriger, da er sich ständig mit allen Menschen verglich. In seinem egomanischen Wahn war er ein Gott und er wollte ständig von mir angebetet werden. Ich sollte endlich anerkennen, dass alle anderen Menschen, mit ihm verglichen, Nullen waren, nicht wert, dass man sich mit ihnen beschäftigte. „Der ist ein Furz für mich", war ein von ihm sehr häufig benutzter Satz, mit dem er sich immer wieder aufbaute. Diese Einstellung zu Menschen hatte er nicht nur im betrunkenen Zustand.

Er legte die Messlatte sehr hoch, wenn es um Eigenschaften ging, die ein Mensch haben sollte, und da es keinen Menschen gab, der diese Messlatte überspringen konnte, waren in seinem Kopf alle Menschen ein Furz.

Doch konnte er mich nie beeinflussen, da ich seine Krankheit erkannte und nur meiner eigenen Betrachtung glaubte.

Er betrachtete sich selbst als Drehscheibe der Welt. Ohne ihn lief nichts. Was auch immer Menschen aus seiner Umgebung gut machten, von ihm hätten sie natürlich noch was lernen können. Kein Guru dieser Welt war besser als er oder wäre ohne ihn überhaupt etwas geworden. Edis Betrachtungsweise ging so weit, dass er auch seiner Nation und sogar der ganzen Welt Wissen, Kunst, Spiritualität, Wissenschaft usw. gegeben hatte.

Gleichzeitig fühlte er sich unbewusst schwach. Mit seiner Intelligenz versuchte er, diese innere Schwäche nach außen hin zur Stärke zu machen. Daher kam sein ständiges Bedürfnis, sich zu zeigen, besser als andere zu sein, sich immer zu vergleichen und immer in Angst zu leben, als kleines Würmchen entdeckt zu werden. Aus dieser Angst hatte sich in ihm aus meinem Blickwinkel eine Paranoia entwickelt, die er mit Alkohol ertränken musste.

6. Edis Mutter

Damals konnte er etwa zehn oder elf Jahre alt gewesen sein. Mit seinen Eltern lebte er in einem Haus. Sein Vater war arbeiten und er war mit seiner Mutter allein zu Hause gewesen. Die Schule war schon aus und er spielte auf der Straße mit anderen Jungs. Er bekam Hunger und wollte rein. Die Haustür war verschlossen. Er konnte sich das nicht erklären, und da er sich von keinem Hindernis aufhalten ließ, hatte er eine andere Möglichkeit gefunden, ins Haus reinzukommen. Ein Fenster an der Vorderseite des Hauses war offen geblieben und er kletterte zum Fenster hinein. Durch den Fensterrahmen erblickte er auf dem Bett seine nackte Mutter mit einem unbekannten Mann in einer wilden, leidenschaftlichen Sexualszene. Das ganze Bett quietschte und die Matratzen sprangen auf und ab unter ihrem Gewicht. Da sie in einer ungezügelten Sexumarmung verstrickt waren, hatten sie den Jungen an der Fensterbank nicht bemerkt. Ich vermute, dass er geschockt, aber auch fasziniert ziemlich lange das Ereignis beobachtet hatte. Er schaute erstarrt eine Weile das, was sich vor seinen Augen gerade abspielte.

Dann sprang er runter und weinend unter dem Schock rannte er zu seinem Vater, der irgendwo unweit von zu Hause gearbeitet hatte. Eine ganze Welt brach in ihm zusammen. Im Iran unterscheiden sich Ehegesetze ziemlich von den Gesetzen in Deutschland. Falls ein Vergehen der Frau gegen die Ehe festgestellt worden war, konnte der Mann buchstäblich in einer Stunde die Ehescheidung erwirken. Die Ehe konnte durch den Mann auch ohne ein Vergehen der Frau auf seinen Wunsch geschieden werden.

Sein Vater hat Gebrauch von diesem Recht gemacht und hat aufgrund der Erzählung des Sohnes auf der Stelle bei den Behörden die Ehescheidung eingereicht. Die Mutter musste sofort das Haus verlassen. Er hat sie erst Jahre später wiedergesehen. Mein Mann und ich hatten ein Friseursalon als Nebengewerbe in einem noblen Stadtteil von Teheran eröffnet. Wir machten viele tolle Neueröffnungsangebote. Viele Menschen, Freunde, Bekannte, aber auch Probanden, kamen herein, um sich von uns die Haare frisieren zu lassen. Auf einmal hörte ich, wie Edi mit erhobener, aufgeregter Stimme schimpfte. Ich kam zu ihm und versuchte, ihn zu beruhigen, ohne genau zu wissen, wen er aus dem Laden rausschicken wollte. Dann sagte er mir: „Wie konnte sie es wagen, hier reinzukommen? Raus!" Es war seine Mutter. Sie schaute ihn mit Augen voller Tränen an. Er weinte auch. Ich versuchte, die ganze Situation zu retten, um andere Gäste nicht zu verscheuchen, und machte seiner Mutter die Haare.

Er blieb mit seinem Vater allein. Nach einiger Zeit heiratete sein Vater wieder. Seine Stiefmutter war eine gute, aber strenge Frau. Diese Eigenschaft hat mein Mann im positiven Sinne für sich aufgenommen. Es hatte ihm in seinem Lebensverlauf geholfen.

Ich liebte fürs Leben einen Alkoholiker. Seine Betrunkenheit hatte verschiedene Stufen und Phasen. Sehr oft hat er schon früh am Morgen bei nüchternem Magen sein Bierglas auf den Tisch gestellt, um sich den Tag zu markieren. Die erste Zigarette hatte er gleich beim Aufstehen angezündet; eine lag im Aschenbecher am Küchentisch, die andere hatte er im Bad geraucht. Manchmal passierte, dass er gleichzeitig fünf angezündete Zigaretten im Haus verteilt hatte. Ich muss nicht erwähnen, dass er nie gefrühstückt hat.

Den ganzen Tag über hat er langsam, schluckweise getrunken. Er achtete darauf, dass er seine tägliche Arbeit, was auch immer er darunter verstanden hat, verrichten konnte. In dieser Phase war er lustig, hilfsbereit, ansprechbar, arbeitsfähig für alle anfallenden Aufgaben im Geschäft und im Haushalt.

Wenn der Tag sich dem Abend neigte, stieg sein Alkoholspiegel an und sein Verhalten wurde immer aggressiver. Diese Aggressivität äußerte sich bei ihm in der Kommunikation mit anderen Menschen. Nie hätte er jemanden physisch angegriffen. Seine Angriffswaffen waren seine Worte und der in dem Moment durch Alkohol dämonisch gewordene Geist. Sein großes Ego musste allen Menschen um sich herum beweisen, dass er der größte und der gelehrsamste Mensch von allen ist und dass alle anderen Menschen Unwissende und wertlos sind. All das, was er in diesem Moment über Menschen dachte, konnte das Wort „Furz" am besten beschreiben. Dabei war es für ihn unwichtig, ob er mit diesem Wort einen Arzt, Anwalt, Politiker, Psychologen oder sonst jemanden, der ein Titel besaß, bezeichnete. Sie konnten eben nicht auf einer breitgestellten Wissensebene mit ihm diskutieren. Das war sein Maßstab, mit welchem er alle Gelehrte gemessen hat. Keiner außer ihm hatte das Wissen der Welt aufgesaugt wie er und daher hatten sie für ihn keinen Wert.

Sein Alkoholspiegel wie auch seine Aggressivität stiegen mit dem Abendverlauf an und erreichten etwa zwischen 23 und 24 Uhr den höchsten Punkt. Auch in diesem Zustand wusste sein luzider Geist ganz genau, wie er den schwächsten Punkt jedes Menschen finden konnte, um jeden genau an dieser Stelle mit seinen mörderischen Worten zu treffen. Solange die Menschen um ihn herum ihn vergöttert hatten, war er lieb zu ihnen und zupfte ihre guten Eigenschaften wie mit einer Pinzette raus. Die Person selbst, die er unter die Lupe genommen hatte, war überrascht, dass sie solche tollen Eigenschaften besaß. Aber sobald jemand eine andere Meinung hatte oder in irgendeinem Punkt Kritik geäußert hatte oder einfach nicht in sein Rezept passte, machte er ihn mit seiner Wortwahl zunichte.

Wenn jemand in unser Lokal gekommen war, musste er ihn seinen Prüfungen unterziehen. Diese seine Art nannten wir angeln! Er fing mit kleinen Provokationen an, um zu sehen, wo er einsteigen konnte, um diese Person auseinanderzunehmen. Ich erinnere mich an einen Stammgast, der ein sehr humorvoller Mensch gewesen war. Er kannte meinen Mann und seine Methoden sehr gut, hatte aber keine Lust, jedes Mal mit ihm zu diskutieren. Aus Spaß warf er sich vor ihm auf die Knie und flehte: „Bitte, Edi, Gnade, lass mich am Leben! Leben und leben lassen." Da lachten wir alle.

Auf seiner Lebensbühne brauchte er treue Gefolgschaft, die ihm stundenlang zuhören musste. Nicht mal auf die Toilette durfte man gehen, wenn er geredet hat. Unentwegt hatte er zu allem was zu sagen. Zuerst hat er einen mit einer meisterhaften und lieblichen Redekunst an sich herangezogen, so, wie der Fakir mit seiner Flöte die Schlange aus dem Korb zum Tanzen bringt. Immer hat er jemanden als Zuhörer gebraucht, egal, ob derjenige dazu Zeit oder Lust hatte. Das war ihm egal. Auch wenn der Mensch sich herauszureden versuchte, hat er mit seiner Redekunst denjenigen doch dazu gebracht, sich zu ihm hinzusetzen und ihm zuzuhören. Ich war natürlich das häufigste „Opfer", das alles stehen und liegen lassen musste, um bei ihm zu sitzen und ihm zuzuhören.

Die Bekannten fragten mich häufig: „Wie kannst du das aushalten?" „Ja", sagte ich, „er findet immer eine liebevolle Art, mit der er mich wieder dazu bringt."

Das ganze Drama seines Lebens ist auf jenes Trauma mit seiner Mutter zurückzuführen. Ein negatives Frauenbild hat sich tief in sein Wesen eingeprägt. Alle Frauen waren Nutten für ihn. Für alle Frauen, mit denen er schlief, interessiere er sich nicht weiter, beichtete er mir manchmal. Er hatte mir Liebe geschworen und sagte immer, dass er mich liebe und sich keine andere Frau für sein Leben vorstellen könne. Er sagte, dieser Zwang in ihm, mit anderen Frauen zu schlafen, sei wie auf die Toilette gehen zu müssen. In einem Gedicht schrieb er, dass hinter seiner Stirn ein Tumult und Geschrei herrschten wie das Männergedränge zwischen den Beinen einer Nutte.

Ein oder zwei Mal monatlich musste ich ihm erlauben wegzugehen. Er hat mich nicht angelogen. In sich hatte er eine unendlich undisziplinierte, unbegrenzte, ungezügelte und unerzogene Welt, die er ausleben musste, und von seinen Mitmenschen erwartete er, in seinen Bedürfnissen zu hundert Prozent verstanden zu werden. Für ihn war es selbstverständlich, diese innere Freiheit mit allen dämonischen Facetten und Handlungen, mit allen Ecken und Kanten zu leben. Von mir, wie auch von allen anderen Menschen, erwartete er für alle seine dunkelsten Bedürfnisse und Begierden Akzeptanz, Toleranz und Verständnis. Denn für ihn war alles, was er tat, ganz normal und es gab für ihn keinen Grund, darüber zu diskutieren oder etwas zu problematisieren.

„Warum muss man überhaupt heiraten, Kinder haben, sich allen diesen unnötigen, dummen Gesetzen anpassen und unterwerfen? Ich habe doch meine eigenen Gesetze." Mit diesen Überzeugungen lebte und handelte er sein Leben lang.

Auch wenn für jeden „normalen Menschen" nichts von dem, was er tat, „normal" war, hat er diesen und in erster Linie mich peu à peu mit seiner manipulativen Art dazu gebracht, es zu akzeptieren.

Es hat ihm nicht gereicht, nur von mir die Absolution für sein Verhalten zu erwirken. Sein Bedürfnis war, mich in seine Welt zu verwickeln, damit ich mitmachte. Ich wollte mit dieser Seite nichts zu tun haben. Das konnte er aber innerlich nicht akzeptieren. Mit all seiner manipulativen Sprachgewalt versuchte er, mich immer wieder zu bezwingen. Wenn ich auf meinem Standpunkt verharrte, kam es zu großen Auseinandersetzungen. Dies trieb er so weit, bis ich ihm gegenüber gewalttätig wurde. Von Natur aus neigte ich nie zum gewalttätigen Verhalten. Im Gegenteil. Aber er war der einzige Mensch, der mich zu solchem Verhalten mit seiner provokativen und manipulativen Art bringen konnte. Ich habe nie eine Fliege mit Absicht getötet, aber in solchen Momenten hätte ich ihn umbringen können.

Wieso konnte er mich so weit bringen?

Ich wollte mein ganzes Leben mit Gewalt nichts zu tun haben. Das war der Grund, dass ich im Iran nicht heiraten wollte. Es gruselte mich vor dieser institutionalisierten Gewalt, die Männer über Frauen ausgeübt haben. Alle Menschen, die ein negatives Frauenbild hatten, habe ich aus meinem Leben gestrichen und wollte mit solchen Menschen schon in meinem Elternhaus nichts zu tun haben.

Manchmal kamen Männer zu uns nach Hause, Bekannte meines Vaters, aber auch für meinen Vater wichtige Männer, die über Frauen sehr schlecht gesprochen haben. Während ich spielte, bekam ich alles mit. Die Frauen seien schwach, machtlos, kraftlos, wertlos. Wenn jener wichtige Bekannte wieder mal zu Besuch kam, habe ich ihm nicht mal Guten Tag gesagt. Dies war nicht üblich, da der Gast in unsere Kultur wie ein König behandelt werden musste. Mein Vater hat das bemerkt und lud mich ein, den Gast zu begrüßen. Ich antwortete laut in Anwesenheit des Gastes: „Die Männer, die den Wert von Frauen nicht schätzen und nicht um ihren Wert wissen, werde ich nie begrüßen und willkommen heißen. Solche Männer beleidigen ihre Mutter und Schwester und alle andere Frauen." Ich war etwa 13 oder 14 Jahre alt und zählte mich schon zu den Frauen und fühlte mich somit auch persönlich angegriffen. „Alle starken Männer in der Gesellschaft sind durch die Stärke der Frau selbst stark geworden. Sie können nicht sagen, dass Frauen schwach und wertlos sind", fügte ich hinzu. Obwohl ich ein sehr höfliches Mädchen war, habe ich diesen ganzen Protest mit Arroganz und einer festen Überzeugung vorgeführt. Mein Vater reagierte für den Besucher total unerwartet: „Oh, mein Schatz, ich sterbe für dich!", und nahm mich in die Arme. Mein Vater war ein toller Vater! Er war stolz, dass ich so eine selbstbewusste und emanzipierte junge Dame war.

Dieser islamische Rahmen in dem Land, in welches ich hineingeboren wurde, hat mich doch in einigen Punkten meines Lebens sehr geprägt. Ich musste mein Können und meine Fähigkeiten immer wieder unter Beweis stellen. Ich musste mir mein ganzes Leben lang selbst beweisen, dass ich schneller und besser als ein Mann Auto fahren kann, Geschäfte organisieren und führen kann, dass ich mehr Geld verdienen kann als ein Mann. Ich liebte starke Frauen und hasste schwache Männer. Mich selbst zählte ich natürlich zu den starken Frauen.

Wir hatten damals zwei gute Autos. Ab und zu, durch verschiedene Umstände, konnte es vorkommen, dass alle beide irgendwo unterwegs waren und dass mein Mann mit dem öffentlichen Bus fahren musste. Diese Situation war für ihn unerträglich. Es überkam ihn die Angst, dass irgendein Bekannter ihn sehen könne. Schon allein dieser Gedanke verursachte bei ihm eine große Pein.

7. Unsere Begegnung in Teheran

Wir beide lebten in Teheran und bis zu unserer ersten Begegnung im Filmstudio kannten wir uns nicht. In dieser Zeit war ich 21 Jahre alt und arbeitete als Flugbegleiterin bei der „HOMA". Zwei oder drei Tage in der Woche bin ich geflogen und an den anderen freien Tagen verdiente ich zusätzlich Geld durch einen Nebenjob in einem Filmstudio. Dort arbeitete ich als Synchronisatorin für verschiedene Rollen für Film und Fernsehen. Edi war von Beruf ein Film-Synchronisator und in mehreren Filmstudios Chef für Filmsynchronisation. Durch diese Tätigkeit hat er viel Geld verdient und war eine bekannte Persönlichkeit. In so einem Studio für Filmsynchronisation sind wir uns das erste Mal begegnet. Er hatte einen Auftrag vom Studio bekommen und hatte unter anderen auch mich für die Synchronisation eines Films engagiert. Ich war Neuling in dieser Branche und hatte keine Gelegenheit, viel Erfahrung zu sammeln. Edi fand mich talentiert und hat mich für einige Filme und verschiedene Rollen eingestellt. Ich hatte ihm sofort gefallen, das hatte ich in seinen Augen gesehen. Ich fand ihn auch sehr interessant und sympathisch, zeigte aber nichts davon. Im Iran war es nicht üblich, dass Frau ihre Gefühle zeigten und überhaupt sich verliebten. Edi wollte mit seinen suchenden Blicken zu mir meine Aufmerksamkeit auf sich ziehen. Ich dachte damals schon: „Warum macht er eine solche Show, das hat er gar nicht nötig." Er sah sehr gut aus und hat seine Arbeit mit großem Können gemeistert. Seine Stimme war umwerfend und hatte alle nötigen Höhen und Tiefen wie keine andere. Mit seinen hellgrünen Augen warf er mir tiefe und lange Blicke zu. Hinter seinen Blicken nahm ich einen sehr interessanten und intelligenten Mann wahr. Ich fühlte durch seine Blicke eine tiefe Vertrautheit zwischen uns und wusste, dass ich ihm trauen könnte. Mein sprachlicher Ausdruck in Persisch war sehr gut und ich konnte einschätzen, dass er sehr mächtig in persischer Sprache und Literatur war. Er erzählte mir, dass er das Abitur abgeschlossen hätte, aber seinem Wissen nach könnte er auch ein Diplom besitzen. Die Akademiker hatten ihn in seinem Wissen in Farsi und Literatur akzeptiert.

Zu der Zeit war er verheiratet und hatte zwei kleine Kinder. Seine damalige Frau hatte eine Affäre mit einem seiner Mitarbeiter. Die zwei hatte man bei der Tat erwischt und jeder im Studio wusste darüber Bescheid. Er ließ sich von ihr scheiden. Davon hatte ich nur in den Arbeitskreisen erzählt bekommen, denn mit ihm hatte ich nur einen flüchtigen Arbeitskontakt gehabt.

Eine meiner Freundinnen kam zu mir, weil sie zu Hause Probleme hatte, und wohnte zwei oder drei Monate bei uns. Sie war arbeitslos und suchte nach einer Tätigkeit. Ich nahm sie ins Studio mit, stellte sie Edi vor, weil er der Chef war. Er stellte sie ein. Sie hatte einen sehr gut aussehenden Freund, ich war alleine. Durch die Schwingung und die Blicke zwischen mir und Edi öffnete sich mein Herz immer mehr zu ihm hin. Er hatte die Gewohnheit, seine Mitarbeiter nach Feierabend zu einem höher gelegenen Ausflugsort mit kühler Brise außerhalb Teherans zum Trinken einzuladen. Damit wollte er eine gute Atmosphäre in seinem Team schaffen und halten.

Ich kämpfte mit mir selbst und meinen Gefühlen zu meinem Chef. Über unsere Gefühle haben wir nie gesprochen, auch wenn wir zwei alleine an den abgelegenen Orten waren. Wir sprachen stundenlang zusammen und überhaupt haben wir uns wunderbar verstanden und genossen die gemeinsame Stunde. Aber körperlich lief zwischen uns nichts. Das kam für mich gar nicht infrage, denn ich konnte alles tun, durfte aber keine Schande für meinen Vater sein. Nach der Heirat erwarteten die Menschen ein blutiges Bettlaken als Beweis, dass die Braut Jungfrau gewesen war. Ich verachtete dieser Brauch und wollte nie heiraten, denn das war einer Frau nicht würdig. Für mich waren diese Gesetze sehr erniedrigend. Aber ich liebte meinen Vater über alles und wollte seine Ehre in der Gesellschaft nicht ruinieren. Innerlich brannte ich vor Liebe und dem Verlangen nach Edi. Wenn ich mit ihm geschlafen hätte, hätte es sein können, dass er mich auch heiratete, aber von meinem Kopf her wollte ich keinen Mann haben, der Alkoholiker war.

Einmal fragte mich meine Freundin, ob ich ihn liebe. Da ich selbst innerlich diese Gefühle abgelehnt habe, sagte ich laut zu ihr: „Nein!" Aber die innerliche Anziehungskraft war kaum auszuhalten.

Nach einiger Zeit hatte sie sich mir anvertraut und offenbart, dass sie von meinem Mann schwanger war. Die Welt brach in mir zusammen! Ich liebte sie beide: meine Freundin und meinen Mann. Wieso hatte sie mir nie was gesagt oder erzählt!? Denn mit meinem Mann war ich auch immer wieder mal zusammen, wir gingen aus und ich spürte, dass er mich auch lieb hatte. Wie konnte er das tun? Aber wenn ich später nachgedacht habe, kam ich zu dem Schluss, sie konnte nicht genau wissen, ob sie von meinem Mann schwanger war, denn sie hatte eine Beziehung auch mit ihrem Freund gehabt. Aber sie sagte, dass das Kind von meinem Mann wäre. Um sie vor der großen Schande zu retten und dem Ausstoß aus der Familie, ging ich zu meinem Mann und erzählte ihm, was ich erfahren hätte, und sagte, er solle sie heiraten. Er hatte zwar auch Zweifel, ob er der Vater des Kindes sei, aber tat es doch. Meine Freundin ist zu ihm in seine große Wohnung eingezogen und wurde seine Frau. Ich liebte ihn so sehr, dass mich diese Liebe schmerzte. Mit dieser Heirat hatte er viele familiäre Beziehungen vor dem Zerbrechen gerettet und ein mögliches Unheil verhindert. Sie wäre aus der Familie verstoßen oder sogar vom Bruder umgebracht worden, ihre Mutter wäre ins Unglück gestürzt und er selbst im Falle der Bestätigung durch einen Vaterschaftstest im Gefängnis gelandet. Ich war ihm auch dankbar, dass er sie geheiratet hatte.

Diese Heirat war für Edi und mich eine Formalität und eine Scheinehe, um die Probleme meiner Freundin damit zu lösen. Unsere platonische Liebe war davon unberührt. Wir hatten uns regelmäßig getroffen und geliebt wie vorher auch. Mit ihm ins Bett zu gehen, kam für mich nicht infrage, da ich noch eine Jungfrau war. Ich wusste aber nicht, dass meine Freundin ihn um jeden Preis haben wollte, und wendete die ganze Situation zu ihrem Vorteil, da sie keine Jungfrau mehr war. Dadurch war ihre Chance, eine verheiratete Frau mit einem anderen Mann zu werden, fast aussichtslos. Das wusste sie ganz genau. Außerdem, was ich noch nicht gewusst hatte, liebte sie Edi auch. Wir waren gute Freundinnen, aber hatten uns nicht ganz einander geöffnet und anvertraut. Die tiefsten Gefühle hielt jede für sich verborgen. Mit meiner Freundin war nun mein Geliebter verheiratet, ich war fast am Sterben wegen meiner Liebe zu ihm. Und nicht nur wir beide haben ihn geliebt. Vielen Frauen machte er schöne Augen und verführte sie mit seiner magischen Art. Edi hatte eine starke erotische Anziehungskraft, die viele Frauen anzog. Mit einer Frau, die ihm auch gefiel, nutzte er die Gelegenheit aus. Die Frauen haben häufig gedacht, dass er mit ihnen eine ernsthafte Beziehung eingegangen wäre, bis sie schmerzhaft aus der Täuschung erwachten.

Mit der Zeit hatte sich Beziehung zwischen meiner Freundin und mir verändert. Über meine Gefühle und über die ganze Lage sprach ich offen mit ihr. Die Verstrickung und sein Alkoholkonsum waren zu große Hindernisse für eine glückliche Zukunft mit ihm. Ich wollte mich aus dieser Situation retten. Ein anderer Mann wäre eine gute Lösung. Darüber sprach ich mit meiner Freundin. Sie wollte mich mit einem gut aussehenden und intelligenten Mann bekannt machen. Dieser Mann war ein Arzt. Marie gab mir seine Adresse und ich kündigte mich als Patientin an, um ihn zu beäugen. Nach ihrer Einschätzung hätte er sehr gut zu mir gepasst. Alle Patienten waren schon weg und ich war die Letzte in der Reihe. Ich kam in die Praxis rein und sah vor mir meinen Traummann. Unsere Blicke hatten sich das Gleiche mitgeteilt, denn ich hatte in seinen Augen gesehen, wie er von mir angetan war. Wir waren wie füreinander geschaffen. Er stand auf, um mich zu begrüßen. Im ersten Moment war ich zufrieden, denn ich hätte nicht gedacht, dass mir noch jemand außer Edi gefallen könnte. Erst viel später habe ich erfahren, dass die Schwester meiner Freundin mit diesem Mann zusammen war. Sie verriet mir aber nicht, warum sie sich getrennt hatten. Wir blieben in einem langen Gespräch, das nicht mehr viel mit meiner Gesundheit zu tun hatte.

Nach etwa einer Dreiviertelstunde wurden unsere Blicke immer tiefer und vertrauter. Wir saßen an einem Tisch und eine schöne Blumenvase in Form einer Schlange stand zwischen uns. Plötzlich fing es an zu beben. Die Erde bebte, die Lampe an der Decke pendelte und die Vase auf dem Tisch fing an zu „tanzen" und drohte umzukippen. Mit einer Reflexreaktion versuchte ich, die Vase zu halten, die gleiche Handbewegung machte er auch. Er griff aber nicht nach der Vase, sondern nach meinen Händen, da ich die Vase schon in Hand hatte. Um zu einem Handkontakt zu kommen, mussten normalerweise einige Monate vergehen. Diese schicksalhafte Einwirkung beschleunigte unsere Annäherung.

Solch göttliche Fügung hatte ich schon einmal davor erlebt. Ich mochte achtzehn Jahre gewesen sein und als Belohnung für mein Abitur durfte ich mit meinem Vater ans Kaspische Meer reisen. Dort trafen sich viele junge Menschen und wir alle feierten miteinander. An einem Abend lernte ich einen sehr hübschen, jungen Mann kennen. Wir verliebten uns sofort ineinander. Er kam aus Teheran, genau wie ich. Sein Abiturzeugnis hatte er nach Deutschland geschickt und erwartete eine Zusage für einen Studienplatz an der Uni in Krefeld. Wir verbrachten zwei wunderschöne Wochen zusammen mit anderen jungen Menschen. Am Ende tauschten wir unsere Adressen aus. Nachdem wir nach Hause zurückgekehrt waren, besuchte er mich dort. Da mein Vater über alles Bescheid wusste, hatte er gegen diese Bekanntschaft keine Einwände. Unsere Verliebtheit war immer noch sehr stark. Er war meine erste Liebe. Aber sein Wunsch nach einem Studienplatz in Deutschland war ebenso stark. Seine Zerrissenheit war zwischen uns spürbar.

An einem Abend verabredeten wir uns mit der ganzen Gruppe, um ins Kino zu gehen. Er saß neben mir und irgendwann sammelte er seinen ganzen Mut und nahm meine Hand. Mit einem festen Druck gab er mir zu verstehen, wie sehr er mich liebte. Das war überhaupt der erste körperliche Kontakt zwischen mir und einem Mann. Wir fanden uns im Nu in einem Wirbel der Gefühle und in einer stürmischen, für mich bislang unbekannten Energie. Durch diesen harmlosen Handkontakt blitzte und donnerte es zwischen uns. Nach einiger Zeit bekam er seine Zusage für das Studium und ging nach Deutschland.

Ich hatte nicht viel Zeit, um zu trauern, da ich einen Job als Flugbegleiterin bekommen hatte. Meine Gefühle versanken tief in mein Herz. Erst durch die Begegnung mit Edi wurde ich von der ersten Verliebtheit geheilt.

Ich hielt diese Vase und der Arzt hielte meine Hände und wir blickten uns tief in die Augen. Wir wurden ganz heiß und es blitzte zwischen uns. Der Pfeil Amors hatte uns getroffen. Auf den ersten Blick hatte alles gepasst. Er vereinbarte mit mir mehrere Patiententermine, auch wenn ich keine besondere Therapie benötigte. Mein nächster Besuch war bei ihm zu Hause. Er hatte mich zum Essen zu sich nach Hause eingeladen. Zu Hause waren seine Haushälterin und ein kleines Mädchen, das zur Familie gehörte. Ich besuchte ihn noch ein paar Mal. Wir genossen den gegenseitigen Austausch beim üppig gedeckten Tisch. Er war sehr höflich und drängte mich zu keinen Körperkontakten, die ich sowieso abgelehnt hätte. Diese Treffen liefen über drei Monate. Seine Haushälterin war mir nicht so gut gesonnen. Einmal nahm sie mich beiseite und sagte zu mir: „Mache dir keine großen Hoffnungen auf eine Ehe. Es ist bekannt, dass er keine Kinder bekommen kann." Ich wollte darüber nicht weiter mit ihr reden und habe gewartet, dass er mir das selbst mitteilt. Dies tat er dann auch. Er hat seine Zuneigung zu mir und die Bewunderung meiner Persönlichkeit immer wieder zum Ausdruck gebracht. Meine Freundin, die das erste Treffen zwischen uns arrangierte, hatte von seiner Zeugungsunfähigkeit gewusst, aber mir zuerst nichts gesagt. Er wollte mich nicht verlieren, aber er war ein aufrichtiger Mann und hat mir sein Geheimnis offenbart. Ich ging mit gemischten Gefühlen nach Hause. In meinem Herzen liebte ich Edi immer noch, war schon wieder über meiner Freundin enttäuscht, dass sie mir von vornherein nicht gesagt hatte, warum sich ihre Schwester von dem Arzt trennte.

Es war selten im Iran, dass Menschen heiraten und keine Kinder planen. Das gehörte irgendwie zusammen. Der Arzt hatte dennoch gehofft, dass meine Liebe zu ihm größer sein würde als der Kinderwunsch. Damals hatte ich gedacht wie alle anderen und hatte mir keine großen Gedanken über Kinder gemacht, wann und ob ich Kinder haben möchte. Von daher war das Thema für mich doch etwas, womit ich zu früh konfrontiert wurde. Ich erzählte ihm über meine Studienpläne in Amerika und dass das Thema Heirat und Kinder für mich noch nicht anstände. Ich wollte auf keinen Fall im Iran heiraten und kein Opfer männlicher Gewalt werden. Damit war ich gut aus dieser Bekanntschaft herausgekommen.

Dennoch kam ich von meinen Gefühlen zu Edi nicht weg. Ich liebte ihn immer noch und konnte mich vor dieser Liebe nicht retten. Ich war am Ertrinken in diesem Meer der Liebe zu ihm und benutzte diesen Mann wie einen Strohhalm, der ich mich retten konnte. Ich wechselte sogar das Studio, um weniger Kontakt mit Edi zu haben. Um jeden Preis wollte ich mich von meinen Gefühlen zu Edi befreien. Für andere Bekanntschaften war ich offen und suchte im Außen nach einem Mann, der Edi in meinem Herzen ersetzen konnte. Und alles vergeblich. Ich kämpfte in mir gegen diese Liebe und dieser Kampf war schon längst nicht mehr zu gewinnen.

Auch zu meiner Freundin ging ich auf Distanz, denn sie hatte mich schon wieder enttäuscht. In solcher Situation lernte ich einen reichen Mann kennen. Er war ein Geschäftsmann und hatte sogar Kontakte zum persischen Schah gehabt. Ihn hatte ich meinem Vater vorgestellt, denn der Mann wollte mich heiraten. Aber die Hochzeitspläne hatte man wegen seiner Geschäfte in einem anderen Teil des Irans für drei Monate verschoben. Er und mein Vater hatten sich mehrfach getroffen. Auch seine Familie hatte ich in seinem Büro kennengelernt. Seine Eltern waren glücklich, dass ihr Sohn, der um die fünfunddreißig Jahre alt war, ein einundzwanzigjähriges Mädchen heiratete.

Der Mann hatte auch einen Vertrag mit meinem Vater gemacht, was mir Sicherheit im Falle eine Ehescheidung bringen sollte. Das ist ein alter Brauch in diesen Breitengraden. Der vereinbarte Betrag muss bei der Verheiratung oder zu jeder beliebigen Zeit nach der Vermählung ausbezahlt werden. Der Mann hatte das Geld in der üblichen Höhe bei meinem Vater teils in bar deponiert und zum Teil in Schecks gegeben. Damit stand einer Vermählung nichts mehr im Wege. Wir waren als Ehepaar registriert. Nur die Hochzeit sollte nach seinem großen Geschäftsprojekt gefeiert werden. Das alles war mit meinem Vater abgesprochen und unsere Hochzeitsreise war auch schon geplant. Mit mir und meiner ganzen Familie reiste er in den Norden von Iran an das

Kaspische Meer in ein tolles Hotel, wo auch der Schah Urlaub machte.

Diese ganze Heiratsgeschichte geschah für mich wie in einem Traum. Der Mann imponierte mir mit seinem Äußeren und seiner Persönlichkeit und ich redete mir ein, dass die Liebe zu ihm mit der Zeit kommen würde. Edi war mit meiner Freundin verheiratet, sie lebten zusammen und meine Liebe zu ihm hatte für mich keinen Sinn mehr. Mit meiner inneren Kraft versuchte ich, diese Liebe auszurotten.

Auf jeden Fall war ich nun eine verheiratete Frau und konnte mich endlich von meiner Jungfräulichkeit befreien. In diesem Hotel, mit meinem frisch angetrauten Mann, bin ich Frau geworden. Ich dachte, mein Keuschheitsgürtel wäre endlich geöffnet. Später würde ich erfahren, dass ich immer noch Jungfrau war, auch wenn ich dieses erste Mal Schmerzen spürte und geblutet hatte. Es ist mir heute noch unvorstellbar, dass sich die Menschen wegen diesem bisschen Haut die Köpfe einschlagen und dass viele Frauen ein höllisches Leben führen und bis zu Tode gesteinigt werden. Welche Unwissenheit herrscht in den Köpfen dieses Kulturkreises bis in die heutige Zeit? Ein Keuschheitsgürtel wird hinter der Stirn allen Frauen durch die Erziehung eingepresst. Jede orientalische Frau trägt das Gefängnis in sich und nimmt es mit nach Europa, Amerika und in die ganze Welt. Sie hat im Westen alle Freiheiten der westlichen Kultur, dennoch ist in ihr das eingeprägte Gefängnis so stark, dass sie sich durch die offenen Tore nicht traut rauszukommen. Diese sexuelle, unterdrückte Energie brachte viel Unheil in der Gesellschaft. Die Frau hatte keine Wahl, wenn der Mann sie sexuell nicht befriedigen konnte. Ihr Orgasmus ist für einen orientalischen Mann unwichtig. Der Mann baut sein Ego auf dem Besitz seiner Frau, die nur er als einziger

Sieger von der Jungfräulichkeit befreien darf. Der Mann zerreißt das Hymen der Frau und zeigt nach außen hin das blutige Bettlaken, mit dem er wie mit einer Fahne in den Händen seinen Sieg auf dem Gipfel des Himalaja feiert. Es gibt nur diesen einen Mann, dem sie sich hingeben darf. Ich schämte mich, wie alle anderen Frauen auch, mich vor meinem Mann nackt zu zeigen. Es passiert alles unter der Decke in Dunkelheit, auch wenn die Eheleute fünfzig Jahre verheiratet sind. Falls eine Frau mehr von einem Mann fordert und sich freizügig im Bett verhält, wird sie als eine Nutte angesehen.

Ich erinnere mich an eine Hochzeit in einem Dorf bei irgendwelchen Verwandten, wo ich mit meinem Vater als Gast teilgenommen hatte. Als fünfzehnjähriges Mädchen beobachtete ich wie hypnotisiert die ganze Zeremonie des Keuschheitsbeweises. In einem Moment des Feierns ging das Brautpaar unter Pauken und Trompeten ins Schlafzimmer. Die Braut wirkte sehr ängstlich und fühlte sich sichtlich nicht ganz wohl, unter dem Druck der Masse ins Schlafzimmer zu gehen, um ihre erste sexuelle Erfahrung mit einem fast unbekannten Mann zu machen. Denn die Ehe wurde von den Eltern arrangiert. Die Gäste feierten weiter, unter ständige Beobachtung der Türe, hinter welcher sich das große Drama der jungen Frau abspielte. Nach einer Weile kam der Bräutigam in einer Siegerhaltung mit einem blutigen Bettlaken vor die Menge der versammelten Gäste. Die Musiker verkündeten mit Posaunen und Trommeln die Jungfräulichkeit der Braut. Den Mann feierten alle als den großen Sieger, der eine Jungfrau entjungfert hatte. Die Familie der Braut konnte endlich mit Erleichterung aufatmen, weil die junge Frau die Ehre der ganzen Familie gerettet hatte. Wie grausam, dass die Ehre der ganzen Familie von diesem kleinen Stück Haut und Muskel abhängig war. Und wie armselig war der Sieg des Mannes über die Frau durch einen Akt, welcher den Höhepunkt der Liebe zueinander darstellen sollte. Ich schwor mir, dass ich nie im Iran heiraten würde, weil ich mich so einer Erniedrigung nicht unterziehen wollte.

Nun durch die Enttäuschung über den Mann, den ich liebte, heiratete ich einen anderen Mann, mit dem ich meine erste sexuelle Erfahrung machte. Bei diesem ersten Mal spürte ich außer Schmerzen nicht viel von einer sexuellen Erregung. Ich war aufgeregt über die Tatsache, dass ich mit einem Mann überhaupt nackt im Bett lag. Sein männliches Glied hatte keine ausreichende Größe, um tiefer in mich eindringen zu können. Deswegen konnte er mich nicht ganz entjungfern.

Es sprachen viele Gründe für diesen Mann und ich wollte versuchen, ein Eheleben zu führen. Ich war jung und unerfahren und keine Frau, die sich einfach mit anderen Männern eingelassen hätte. Der Mann hatte einen guten Namen und kam aus einer guten Familie. Es wäre mir im Traum nicht eingefallen, dass er in schlechte Dinge verwickelt werden könnte. Er hat nicht geraucht, nicht getrunken, keine Drogen zu sich genommen (was viele im Iran taten), hatte ein gut gehendes Geschäft. Auf den ersten Blick konnte man sagen: „Du Glückliche! Es kam ein Traumprinz im tollen Auto und nahm dich in sein Schloss mit." Nach der Rückkehr nach Teheran bin ich doch mit meinen Eltern in unserer Wohnung geblieben, da er geschäftlich verreist war und wir keine Hochzeitsfeier ausrichten konnten. Ohne Hochzeitsfeier konnte ich nicht offiziell bei ihm einziehen. Das Erste, was mich bei diesem Mann schon auf dem Hinweg gestört hatte, war seine Angeberei über seinen Reichtum und seine Besitztümer.

Zu dem Ehevertrag hatte er meinem Vater auch einige Schecks gegeben, die wir nach Bedarf einlösen konnten. Zu der vereinbarten Zeit hat er sich von der Reise nicht gemeldet, weder schriftlich noch telefonisch. Auch seine Schecks waren nicht gedeckt. Als der Scheck zurückkam, sagte ich meinem Vater, dass er Informationen aus dem Umfeld über ihn sammeln sollte. Aus irgendeinem Anlass bin ich einmal in seiner Abwesenheit in sein Büro gegangen. Möglicherweise wollte ich seine Identität prüfen. In der Tat fand ich in einer Schublade in seinem Schreibtisch ein Dokument. Unter anderen Personalien stand, dass er verheiratet war. Das Dokument war lange vor unserer Heirat ausgestellt worden.

Dann ging ich zu einem Buchladen und kaufte ein Büchlein über das iranische Grundgesetz. Über alles informierte ich meinen Vater und sagte ihm: „Ich möchte mich sofort von diesem Mann scheiden lassen und möchte ihn nie wieder sehen." Mein Vater wollte nicht sofort entscheiden und versuchte, mich auch davon abzubringen. Ich als Frau konnte mich von einem Mann nur wegen bestimmter Gründe sofort scheiden lassen. Eine Anzeige gegen ihn musste ich auf jeden Fall erstatten. Mein Vater wollte noch abwarten, bis er sich meldete, und die ganze Angelegenheit mit dem Scheck hat er nicht so wichtig genommen. Solche Sachen unter Geschäftsleuten könnten schon vorkommen. Mein Vater räumte auch einen möglichen Fehler ein.

Ich sagte: „Papa, ich habe ein Traumjob, viele Mädchen wünschen sich, Flugbegleiterin zu werden, und ich brauche gar kein Geld von diesem Mann. Er hat mich über seine erste Ehe belogen. Mit so einem Lügner möchte ich überhaupt nicht leben. Nach meinem Gefühl hat er auch über seine Besitztümer gelogen. Mein Eindruck ist, dass er ein großer Gauner ist."

Die Recherche meines Vaters hatte ergeben, dass der Mann tatsächlich ein Gauner gewesen war. Dann gab es keine Zweifel mehr und ich war fest entschlossen, eine Anzeige gegen ihn bei der Polizei aufzugeben. Es hat ein paar Monate gedauert, bis mein angetrauter Mann zurückkam. Wir hatten erfahren, dass er gar nicht dort gewesen war, wo er ursprünglich hinwollte. Und das Geschäft war auch eine krumme Sache. Er konnte nicht träumen, dass ich in seiner Abwesenheit alle seine Geheimnisse gelüftet hatte. Ich gab meinem Vater die Vollmacht für die Ehescheidung, denn ich wollte diesem Mann nie mehr in meinem Leben begegnen. Noch vor der Heirat hatte ich wegen einer Situation, die ich beobachtet hatte, geahnt, dass ich im Falle eines Streites mit ihm Schwierigkeiten haben würde.

Mein Vater hatte alle seine Informationen ordentlich dokumentiert und die gesammelten Beweise der Polizei gegeben. Kein anderer hatte etwas gegen ihn in der Hand, obwohl selbst die Polizei über seinen Betrügereien Bescheid wusste. Mit diesen Dokumenten konnte er endlich von der Polizei geschnappt und hinter Gitter gebracht werden.

Die Behörden hatten alle vorgetragenen Beweise angenommen und akzeptiert. Nach dem Gesetz musste der Mann mir die ganze vereinbarte Summe auszahlen. Das Geld war mir egal. Ich wollte die sofortige Ehescheidung. Den Behörden war diese Sache mit der Ehe nicht so wichtig. Für sie war wichtig, einen Betrüger hinter Gitter zu bringen. Aber ich wollte mich nicht einschüchtern lassen. Um jeden Preis wollte ich den sofortigen Scheidungsschein. Erst danach war ich bereit, den Behörden zu unterschreiben, dass der Vertrag zu meiner Zufriedenheit erfüllt worden war. Die ganze Sache mit den Schecks hatte ich meinem Vater überlassen. Ich wollte nur aus dieser ganzen Situation schnellstmöglich raus und das Geld war mir unwichtig.

Nach dieser Enttäuschung setzte sich immer stärker der Gedanke in mir fest, dass ich ins Ausland wollte. Ich wollte nach Amerika, um dort zu studieren. Meine große Liebe mit Edi konnte nicht realisiert werden, hier hatte ich so viele Unannehmlichkeiten erfahren und ich wollte nicht mehr in so einem Land leben. Ich liebte meine Heimat, aber alle diese Gesetze gaben mir als Frau keine Möglichkeit, so zu leben, wie ich es gerne hätte.

Es waren einige Monate vergangen, seitdem ich Edi das letzte Mal gesehen hatte. Einmal trafen wir uns zufälligerweise in einem Studio bei der Arbeit. Er beschwerte sich darüber, dass er mich so lange Zeit nicht gesehen hätte. Bei der Gelegenheit bot er mir eine tolle Rolle an. Ich sollte ein neunjähriges Kind synchronisieren. Das Kind liebte Seehunde. Ich konnte meine Stimme sehr gut, auch ohne Helium, in einer Kinderstimme verstellen.

Ich redete mich zuerst mit viel Arbeit heraus. Viel geflogen bin ich und auch andere private Angelegenheiten musste ich erledigen. Die von ihm angebotene Rolle habe ich dann doch angenommen. Er fügte noch hinzu, dass er gerne über ein Thema mit mir sprechen möchte. Die Gelegenheit zu einem Gespräch hatte sich durch unsere Zusammenarbeit ergeben. Nach der Arbeit sind wir einmal mit seinem Auto weggefahren. Dabei erwähnte ich, dass ich mit dem Gedanken spiele, ins Ausland zu gehen. Das überraschte ihn. „Bitte, unternimm nichts, ehe wir zusammen über alles gesprochen haben." „Nach deinem Verschwinden ist für mich alles kalt und leer geworden. Ich bitte dich, mir zu glauben, dass das Kind nicht von mir ist." Ich glaubte ihm nicht, denn meine Freundin hatte das Gegenteil behauptet. „Warum hast du alles so arrangiert? Du wusstest doch, dass ich dich liebe. Jetzt sitzt eine andere Frau in meiner Wohnung, weil du wolltest, dass ich ihr helfe. Für mich ist das keine richtige

Ehe und kein Leben ohne dich." So schüttete er mir sein Herz aus.

Er fuhr gerne in die Berge außerhalb der Stadt. Im Auto hatte er immer alles für ein Picknick bereit: eine Decke, die Getränke, das Essen. Wir konnten stundenlang miteinander Zeit verbringen und reden. Nochmals betonte er unter Eid, dass er nicht der Vater des Kindes sei. Er behauptete, das Kind sei von dem anderen Mann, mit dem meine Freundin eine Beziehung hätte. Der Mann aber wolle sie nicht heiraten. Er selbst hätte sich nur darauf eingelassen, weil ich ihn darum gebeten hätte. Dann öffnete ich ihm mein Herz und erzählte alles, was sich in der Zwischenzeit in meinem Leben abgespielt hatte. Ich erzählte ihm über die Episode mit dem Arzt, zu dem mich meine Freundin geschickt hatte, und meine unglückliche Heiratsgeschichte mit einem Gauner.

„Verlasse mich bitte nicht, wir werden einen neuen gemeinsamen Weg finden", flehte er mich an. Wir redeten und küssten uns und nahmen uns in die Arme, dann wieder blickten wir uns schweigend in die Augen und redeten weiter und küssten uns wieder ... Die ganze Welt um uns herum war nicht mehr wichtig, alles war verschwunden im Meer unserer Liebe. Er ist in seinem Studio nicht erschienen, mich suchten sie von der Fluggesellschaft zu Hause, weil ich nicht mit an Bord gewesen war. Damit hatte ich mir die Karriere als Flugbegleiterin zerschlagen, denn ich bekam eine dicke Abmahnung vor der Kündigung. Ich versuchte, die ganze Sache mit der Fluggesellschaft wieder in Ordnung zu bringen.

Mit der Arbeit an dieser neuen Rolle, die er mir zugeteilt hatte, verbrachten wir ganz viel Zeit miteinander. Auch außerhalb der Arbeitszeit. An einem Wochenende hatte er mich mit dem Auto mitgenommen und fuhr immer weiter. In einem Moment schaute ich mich um und fragte: „Wo fährst du denn hin? Wir sind schon so weit von zu Hause entfernt!"

„Wir fahren nach Norden zum Kaspischen Meer schwimmen." Er hatte ein Zelt dabei, das er am Strand aufgestellte. Eine kleine Matratze rollte er im Zelt aus. An diesem ersten Abend lagen wir nackt nebeneinander. Unsere Hände erforschten den Körper des anderen. Wir waren miteinander so eng verbunden wie geflochten und gewebt. Unsere Umarmung ist immer fester geworden, sodass wir ein Herz und eine Seele geworden sind. Das war eine richtige Seelenhochzeit! Gar nicht von dieser Welt. Wir flogen in den siebten Himmel von Liebe und Zärtlichkeit. In dieser Nacht war er kein Mann, wie er mit mir kuschelte und mich liebkoste. Immer noch hatten wir keinen Sex miteinander. Er roch an meiner Haut und sog ihren Duft durch seine Nase, was in seinem Hirn ein Rauschgefühl auslöste. Jede unserer Zellen war miteinander verbunden und verschmolzen. Es wurde alles eins. Unsere Körper, Geist und Seele. Es war kein „Ich" und kein „Du". „Ich bin total berauscht von dir!", sagte er mit einer rauen Stimme.

Wir wachten auf und schauten, wie es um uns herum aussah. Am Strand kamen Fischer von der nächtlichen Fischerei. Er kaufte diesen frisch gefangenen Fisch aus dem Kaspischen Meer und bereitete ihn am Feuer zu, das er selbst angezündet hatte. Irgendwo fand er Holzstücke und zündete das Feuer am Strand. Kein Fisch schmeckte je so gut wie der von ihm nach dieser Nacht zubereitete.

Nachdem wir gegessen hatten, machten wir uns auf den Rückweg. Es lag vor uns ein langer Weg nach Hause. Nur wegen einer Nacht hatte er so einen Weg auf sich genommen. Wir dürsteten so sehr nach der körperlichen Nähe, nach der Zärtlichkeit, die uns durch die Einschränkungen und die verlogene gesellschaftliche Moral verboten war. Ich durfte alles machen, nur meinen Eltern keine Schande bringen. Schande wäre, mit einem Mann vor der Heirat zu schlafen. Eigentlich war jeglicher Körperkontakt vor der Hochzeit verboten. Natürlich, die Menschen taten das im Geheimen. Man durfte bloß nicht entdeckt werden. Auch wenn es zu Zärtlichkeit gekommen war, Sex zu haben vor der erste Ehe-Nacht war ein absolutes Tabu und dieses Tabu sitzt tief in den Köpfen iranischer Jungfrauen. Aber für mich galt dieses Tabu nicht mehr. Ich war schon verheiratet, und auch wenn ich mit jenem Mann nur halbwegs meine Jungfräulichkeit verlor, war es für mich keine Schande mehr, mit einem Mann zusammen zu sein. Meinem sehnlichsten Wunsch, mich mit Edi körperlich zu vereinen, stand nichts mehr im Weg.

Wir beide mussten gleich nach der Rückkehr arbeiten. Der Weg durch die Berge dauerte vier bis fünf Stunden. Edi brachte während der Fahrt immer wieder zum Ausdruck, wie dankbar er jenem Gauner sei. Das hätte uns überhaupt wieder zusammengebracht. Die Kälte zwischen uns in der Zeit ohne Informationen über mich war für ihn unerträglich. Er war dankbar auch für die Möglichkeiten, die sich für uns durch meine Ehe eröffnet hatten. Endlich konnten wir uneingeschränkt zusammen sein und letztendlich stand unserer Sexualität auch nichts mehr im Weg. Wir sprachen nicht mehr darüber. Innere Freude über die neuen Möglichkeiten spiegelte sich auf unseren strahlenden Gesichtern. Im Iran war gar nicht üblich, über Gefühle zu sprechen. Man machte auch keine Liebeserklärung. Es dauerte sehr lange, bis wir unsere Liebe in Worte gefasst hatten. Es war doch offensichtlich, dazu brauchte man keine Worte. Es genügten die Blicke, die man einander sendete. Wenn eine Frau einen Mann tief anschaut, weiß er schon, welche Bedeutung das hat. Auch zum eigenen Kind sagt man üblicherweise nicht: „Ich liebe dich!" Die Liebe zueinander kann doch durch Körpersprache und liebevolle Handlungen wahrgenommen werden.

Edi hatte viele Getränke in seinem Gepäck: Wodka, Limonade, Cognac, Whisky ... Obwohl er Auto fuhr, trank er immer schluckweise. Das hatte mich an ihm schon immer gestört. Nicht nur beim Autofahren. Es hat mich grundsätzlich gestört, dass er Alkohol getrunken hat. Er selbst stand mit sich im Zwiespalt. Er hasste sich wegen seines Alkoholkonsums, aber die Sucht und die Abhängigkeit waren stärker als sein Vorsatz, keinen Alkohol mehr zu trinken. Die Flasche und das Glas waren im Auto immer griffbereit. Er fuhr nie schnell. Wir redeten über Gott und die Welt. Ich musste ihm alles genau erzählen, was mit mir geschehen war. Er hörte mir aufmerksam zu und lächelte dabei, weil meine Geschichte sich zu seinen Gunsten wandelte. Wir näherten uns Teheran. Die Stadt erstreckt sich auf der Ebene unterhalb des Gebirges Alborz. Das Gebirge ragt über 5000 m hoch oberhalb der Stadt. Man konnte schnell der Hitze der Stadt in diese Gebirge entfliehen. Wir näherten uns dem Fuß des Alborz und waren nicht mehr weit von zu Hause entfernt. In einem Moment bog er in Richtung der Gebirge ab und suchte einen abgelegenen Ort auf. Nach Hause beeilten wir uns nicht. Wir hatten uns viel zu sagen. Falls jemand vorbeikam, fuhr er einfach weiter zu einem anderen menschenleeren Platz. Wir wollten endlich unsere nach vielen Hindernissen gewonnene Zeit nicht mehr unterbrechen lassen. Der Liebesrausch verstärkte sich noch mehr in der geschlossenen Kapsel seines Autos. Wir merkten nicht mal, dass es draußen dunkel geworden war. Zwischendurch nahmen wir uns immer wieder in die Arme, küssten uns, dann wieder redeten wir ... Eigentlich hatte ich gar keine Zeit mehr, denn an diesem Abend hätte ich zu Hause sein müssen, weil ich pünktlich um vier Uhr am nächsten Morgen auf der Arbeit erscheinen müsste.

Mit Frauen war er ein Künstler. Er wusste ganz genau, wie er eine Frau dazu brachte, dass sie selbst auf ihn durch die Geilheit und Aufregung zuging. Auch viele Jungfrauen hatte er so verführt, dass sie sich ihm ohne jeglichen Widerstand hingegeben hatten. Er durfte nichts voreilig machen, denn falls die Dame sich erschreckte oder es sich anders überlegte, könnte das für ihn mit bösen Folgen enden. Er wollte auch mit mir sicher sein, dass der Weg zu unserer Sexualität offen war. Deswegen hatte er dort am Strand versucht, nicht mit mir zu weit zu gehen. Zuerst informierte er sich durch meine Geschichte bis ins Detail, um sich zu vergewissern, dass ich keine Jungfrau mehr war. Ich hatte ihm erzählt, dass ich mit jenem Mann nicht viel im Bett gemacht hatte. Es war zwar Blut auf den weißen Bettlaken zu sehen gewesen, aber außer Schmerzen hatte ich nicht viel von diesem Akt gespürt. Nach ein paar Tagen war ich beim Gynäkologen gewesen, um zu wissen, was eigentlich passiert war. Die Ärztin sagte mir, ich sei keine Jungfrau mehr. Aber ich hatte den Eindruck gewonnen, dass sie mich eher warnen wollte, um mich vor weiteren Sexualkontakten zu schützen, um meine Jungfräulichkeit zu bewahren.

Eigentlich war ich noch eine Jungfrau. Wir beide waren total aufgeregt und hatten nur noch einen Wunsch: uns körperlich zu vereinen. Er liebkoste meine Brüste, meinen Nacken, meine Arme. Ich wollte nichts anderes, als das mit ihm zu tun. Ich sagte ihm: „Der Weg ist frei." Er sagte immer wieder: „Du kannst dir nicht vorstellen, wie dankbar ich jenem

Gauner bin." Dies war keine normale Reaktion für einen typischen persischen Mann, der immer der Erste sein musste und wollte. Nun war ich endlich entjungfert! Ich genoss unendlich unsere Umarmung. Er hatte in mir ein Feuerwerk der Gefühle angezündet. Wir waren in siebten Himmel. Wie lange hatte es gedauert? Kann ich gar nicht sagen, denn die Zeit war für uns stehen geblieben. Wir konnten uns gar nicht mehr voneinander trennen. Ich hatte bislang keine stärkeren Gefühle erlebt. Mein ganzes Leben war ich eine geile Frau, die nie genug vom Sex haben konnte. Ich war nie satt geworden. Meinem Mann habe ich im Bett nie Nein gesagt. Für einen Liebesakt mit ihm war ich immer bereit.

Ich konnte und wollte unseren Liebesrausch nicht unterbrechen. Auch wenn mir bewusst war, dass ich um vier Uhr zu Hause sein musste, um mich fertig für den Flug zu machen. Wegen meiner ersten Dienstverletzung hatte ich eine Abmahnung bekommen und die ganze Angelegenheit konnte ich nur mit meinem Fleiß wiedergutmachen. Dennoch sagte man mir, falls das nochmals vorkommen sollte, würde ich gekündigt. Trotz all dem verbrachte ich die ganze Nacht mit Edi in seinem Auto in den Bergen und war trunken von Liebe. Nur das war noch für mich wichtig. Alles andere verblasste in meinem Kopf. Das Auto von der Fluggesellschaft kam vergeblich vor meine Haustür. Ich war nicht da. Auch wenn ich sonst eine sehr pflichtbewusste und zuverlässige Mitarbeiterin war. Für meine Familie war ich eine selbstständige erwachsene Frau, die ihr Geld selbst verdiente und sogar für die Familie gesorgt hatte. Meine Eltern, insbesondere mein Vater, waren sehr tolerant und ich hatte alle meine Freiheiten. Ich versuchte vergeblich, mein Versäumnis beim Arbeitgeber zu glätten. Edi fühlte sich für meine Arbeitslosigkeit mitverantwortlich und hat mich beruhigt. „Lass es sein", sagte er zu mir. „Wenn du willst und noch

Geld brauchst, machen wir ein Geschäft auf. Was hättest du gerne gemacht?"

„Friseurgeschäfte laufen sehr gut und alle sind voll. Ich konnte immer sehr gut Haare machen und ich kann mir vorstellen, dass ich dafür sehr schnell ein Diplom bekommen könnte." Wir gingen zu einem erfahrenen Friseur, der seinen Beruf in Deutschland erlernt hatte und mit der Firma Schwarzkopf arbeitete. Er war bereit, uns in zehn Tagen sein theoretisches Wissen beizubringen. Wir schrieben alles fleißig auf. Er mietete eine Wohnung und ein Geschäft in einem Haus, das sich in einer noblen Gegend befand. Da ich keine doppelte Miete zahlen konnte, zogen auch meine Eltern zu uns in diese neue Wohnung. Edi wollte nicht mehr, dass wir getrennt lebten, und so sind wir alle eine Familie geworden. Meine Freundin, die das Kind angeblich von ihm erwartete, wohnte weiterhin in seiner Wohnung. In der gleichen Wohnung lebte auch sein Vater und Edi hat Mietkosten und Lebensunterhalt bezahlt. Meine Eltern und Geschwister hatten ihre Zimmer zum Garten, wir hatten unser separates Zimmer und vorne zur Straße war der große Laden.

Der Laden war von innen mit einem wunderschönen Spiegelmosaik in moderner Art geschmückt. Unser Friseursalon war bei Film- und Fernseh-Menschen gut angekommen. Viele von ihnen waren unsere Kollegen. Täglich hatten wir in diesem Salon gelernt und geübt, ehe wir eine offizielle Eröffnung gemacht hatten. Wir frisierten alle Freunde und Bekannten als Models, denn wir beide hatten nie vorher diesen Beruf gelernt. Zu der Zeit hatte Edi ein großes Selbstvertrauen, aber mein Selbstvertrauen war noch größer. Er hatte gesehen, wie schnell und gekonnt ich alles meisterte, hatte mich immer gelobt und mir freie Hand gegeben. Edi hätte alles für mich getan, um mit mir ständig zusammen zu sein und mich nicht zu verlieren. Ich sollte durch dieses neue Leben meine Auslandspläne vergessen und mit ihm zusammen alle meine Wünsche realisieren. In Kürze sind wir Friseure geworden. Wir waren gut in der Arbeit, aber für einen gehobenen Salon zu langsam. Deswegen hatte Edi einen jungen Friseur gefunden, der vom Fach war und einige Jahre Erfahrung gehabt hatte. Wenn Edi manchmal tagsüber zu viel getrunken hatte, bat ich ihn, sich aus dem Geschäft rauszuhalten. Seine Anwesenheit in betrunkenem Zustand war nicht gut fürs Geschäft. Außerdem musste er im Studio als Chef präsent sein. So kam es, dass ich überwiegend mit dem jungen Mann im Salon alleine arbeitete. Nur gelegentlich arbeitete ich im Filmstudio. Meinen Einsatz im Studio konnte man nicht planen, denn meine Stimme musste zu der bestimmten Rolle passen.

Es war alles so weit für die Eröffnung vorbereitet. Der Tag stand fest und wir machten einen Handzettel und verteilten ihn nachts in den Briefkästen der Einwohner in dem Viertel, wo wir den Salon hatten. Dieses Viertel gehörte der gehobenen gesellschaftlichen Schicht. Entsprechend luxuriös war unser Salon ausgestattet. Edi gab den Namen für unseren Laden: „Schwarze Augen", was von dem russischen Lied „Oči čornie" kam. Der Name hat mir sofort gefallen und ich diskutierte nicht weiter mit ihm darüber. In solchen Sachen war er ausgezeichnet. In allem, was mit der Öffentlichkeit, der Sprache und den Künsten zu tun hatte, war er Spitzenklasse und ich gab ihm den Vorrang und diskutierte nicht lange mit ihm.

Ich war auf der anderen Seite eine hoch motivierte Person mit viel Ausdauer und Fleiß und konnte sehr schnell und gekonnt alles, was ich mir vorgenommen hatte, meistern. Keiner sollte mir sagen, was ich tun solle und was nicht. Auch wenn das Geschäft ihm gehörte, hatte ich alles in der

Hand. Er schätzte meine Eigenschaften und wir haben uns gut ergänzt in fast allen Lebensbereichen. Es gab gar keine Streitpunkte zwischen uns. Doch wenn er getrunken hatte, und das tat er immer häufiger, veränderte sich sein Wesen. Ich konnte es nicht fassen, wieso brachte er sich in diesen primitiven Zustand? Er tat mir nie was an, aber es setzte mir zu, ihn überhaupt im betrunkenen Zustand zu sehen.

So kam der Tag der großen Eröffnung. Viele angesehene und aus Medien bekannte Frauen drängten sich in unserem Salon und wir hatten Hände voll zu tun. Der Tag war für uns ein großer Erfolg, abgesehen von der Begegnung mit seiner Mutter, die unerwartet nach so vielen Jahren vor Edi stand. Diese Begegnung nach so vielen Jahren hat ihn sehr stark emotional beansprucht. Da ich mit dieser Situation gut umgehen konnte und sie zu mir nahm, war das für die Besucher im Salon nicht unangenehm aufgefallen. Wir wussten nicht, wo sie hergekommen war, wie sie von diesem Ereignis erfahren hatte, und wussten auch nicht, wohin sie, nachdem ich ihr die Haare gemacht hatte, gegangen war. Auch in den nächsten Tagen drängten sich Frauen in unserem Laden. Wegen seiner besonders schönen Einrichtung und Dekoration zog unser Salon viele Prominente an. Dadurch kam es, dass eine Filmszene in unserem Salon gedreht wurde, weil die Filmleute genau so einen Friseursalon für eine Filmsequenz haben wollten.

Meine Freundin Marie ließ sich auch die Haare in unserem Salon machen. Wir lebten in einer sehr komplizierten emotionalen Beziehung. Ich liebte sie als meine Freundin und hätte ihr nichts Böses gewünscht oder angetan. Sie hat auch versucht, mit mir in Freundschaft zu bleiben. Auch wenn das für uns beide nicht immer einfach gewesen war. Wir beide liebten einen Mann. Die Gefühle der Eifersucht waren trotz unserer Freundschaft unausweichlich. In der Zeit, in der ich versuchte, mein Leben ohne Edi zu leben, hatte ich mich auch von ihr entfernt. Ich hatte ihr geholfen und sie war ehrlich und aufrichtig genug, um das nicht zu vergessen. Aber in unseren Gefühlen zu Edi waren wir Rivalinnen, die um den Mann gekämpft hatten. Marie wusste, dass wir zwei zusammenlebten, und war darüber nicht glücklich. Sie fühlte sich zurückgesetzt, auch wenn ihre Ehe mit Edi nur auf dem Papier stand. Sie wusste, dass er mich liebte und mit mir sein Leben geplant hatte. Sie kam dazwischen und wollte ihn mit allen Frauenmitteln gewinnen. Das wusste ich aus den Gesprächen, die sie mit Edi geführt hatte. Sie hatte sich bei ihm beschwert, dass er sich mehr um sie und das Kind kümmern solle. Er hatte sie immer wieder abgelehnt und betont, dass das Kind nicht von ihm wäre. Ich versuchte, meine Eifersucht zu rationalisieren. Außerdem war ich eine Frau mit großem Selbstvertrauen und wusste, dass Edi und ich perfekt zueinanderpassten. Er liebte meine Tatkraft, meinen Charakter und ich hatte keine Angst, dass er mich mit anderen Frauen verglich. So auch nicht mit meiner Freundin. Mein Selbstvertrauen imponierte ihm und solche Frauen wie ich waren zu jener Zeit in unserer Gesellschaft nicht häufig anzutreffen.

Sein Trinkverhalten hat verschiedene Phasen gehabt. Einige Tage hat er täglich schluckweise getrunken und am nächsten Morgen konnte er seinen täglichen Pflichten nachgehen. Aber es gab Tage, an welchen er sich bis zu Bewusstlosigkeit betrinken musste. Es war ein tiefes Loch in ihm, in das er immer wieder hereinfiel. Dieser Drang war stärker als sein Wille. Nach solchen Nächten konnte er am nächsten Tag nicht mal aufstehen, auch wenn er wichtige Besprechungen im Studio hatte. Alle meine Bemühungen, ihn wach zu kriegen, waren vergeblich. Seine Arbeit hat sehr darunter gelitten. Die Menschen riefen bei uns zu Hause an und ich versuchte immer wieder, ihn vor den Blamagen zu retten. Unser Geschäft verlor mit der Zeit viele Prominente aus dem Filmstudio. Wir konnten kaum noch die Mitarbeiter bezahlen. Ich stellte ihn zur Rede und wir stritten sehr häufig. Sein Verhalten im Alkoholrausch war einfach unerträglich. Nach dem Streit mit mir ist er dann zu Marie in seine Wohnung gegangen und kam dann zwei, drei Tage gar nicht nach Hause. Ich rief bei ihr an. „Er schläft im anderen Zimmer, bewusstlos vom Alkohol", teilte sie mir mit. An einem späten Abend stritten wir ganz heftig. Meine Eltern hatten das mitbekommen, aber mischten sich nicht ein. Um körperliche Übergriffe zwischen uns zu vermeiden, nahm ich wutentbrannt meinen Mantel und rannte aus dem Haus auf die Straße.

Es konnte schon zehn Uhr gewesen sein. Ich wollte zu meiner allerbesten Freundin Samira und wollte dort übernachten. Es war nicht üblich, dass eine Frau alleine nachts auf der Straße herumlief. Meine Wut über die ganze Lebenslage mit Edi war so groß, dass mir all das egal war. Außerdem schaute ich nicht um mich herum, sondern ging mit gesenktem Kopf die Straße hinunter. Samira wohnte ungefähr sieben oder acht Busstationen von unserer Wohnung entfernt. Es kamen zwei Polizisten auf mich zu und wollten wissen, was ich auf der Straße mache und wo ich hin wolle. Diese Fragen und überhaupt, dass sie mich ohne irgendeinen Grund aufgehalten hatten, verursachten in mir einen ungeheuren Widerstand. Ich fand es überflüssig, mit ihnen zu reden, und wollte weitergehen. Was wollten sie von mir? Warum durfte ich nicht einfach laufen, wann und wohin ich auch wollte? Zu meiner schon vorhandenen Wut weckte diese Begegnung auf der Straße mit den Polizisten die Rebellin in mir. Da ich mit ihnen nicht reden wollte, sagten sie zueinander: „Sie hat sicherlich was genommen und hat vor, sich umzubringen." Sie zwangen mich, ins Auto einzusteigen, und brachten mich ins Krankenhaus zur Untersuchung. Meine Widerrede brachte nichts und ich leistete keinen Widerstand mehr. Der Arzt stellte nach einer Stunde fest, dass ich „sauber" sei, und hat mich nach Hause entlassen. Es war schon ziemlich spät. Ich kam raus und wollte zu meiner Freundin, aber die zwei Polizisten sprangen hinter Türen auf und kamen auf mich zu. Dies hat mich noch mehr aufgeregt, aber ich sagte nichts. „Sie ist bestimmt verrückt", sagten sie sich. „Steigen Sie ein, wir müssen Sie in ein Irrenhaus bringen." Mir blieb nichts anderes übrig. Mitten in der Nacht fand ich mich im Irrenhaus. Am Empfang war kein Arzt, nur das Pflegepersonal. Sie brachten mich in ein Zimmer, wo ich dann übernachtete und gleich am Morgen zum Arzt gebracht wurde. Ich habe erzählt, wie ich in diese Lage geraten sei und dass ich nun nach Hause wolle. Der Arzt wollte wissen, wo ich wohne, mit wem ich lebe, und alle seine Fragen fand ich überflüssig. Mein Widerstand gegen diese ganze unsinnige Lage verstärkte sich noch mehr. Um mich zum Reden zu zwingen, verordnete er mir die Behandlung mit Elektroschocks. Das schockierte mich und ich gab freiwillig meine Adresse und die Telefonnummer. Sie glaubten mir immer noch nicht und riefen bei mir zu Hause an. Meine Familie war über meinem Verschwinden sehr besorgt. Edi hatte bei Marie angerufen in der Hoffnung, dass ich bei ihr sei. Der Anruf des Arztes brachte bei allen die Erleichterung und sie kamen schnell, um mich abzuholen. Dieses Ereignis hatte sich sehr tief in mir eingeprägt.

Einige Wochen hat Edi sich sehr um mich bemüht und wollte zwischen uns wieder alles in Ordnung bringen. Er versuchte, nicht mehr so viel zu trinken. Aber aufhören konnte er nicht. An einem Nachmittag waren wir alleine zu

Hause und hatten nicht lange gebraucht, um uns in die Arme zu nehmen. Die Anziehungskraft zwischen uns war immer da, egal, was er gesagt oder getan hatte. Gegen diese Kraft zwischen uns war ich einfach machtlos. Ich liebte ihn einfach. Er war der Mann meiner Träume und ich habe mir neben ihm keinen anderen Mann gewünscht. Mit keinem anderen Mann konnte ich diese Liebesrausch erleben, wie das mit ihm immer wieder war. Gerade waren wir in einer leidenschaftlichen Umarmung, da klopfte jemand bei uns an der Tür. Wir wohnten im Erdgeschoss hinter dem Laden. Es war meine Freundin Marie. Edi machte ein schweigendes Zeichen über den Lippen und gab mir ein Zeichen, dass ich antworten solle. „Einen Moment bitte", sagte ich und stand auf, um mich anzuziehen. Während ich meine Kleider suchte, sprang Edi durchs Fenster in den Garten und lief zu seinem Auto hinter dem Haus. Ich blieb geschockt stehen. Es wurde mir klar, dass er mit Marie auch eine Liebesbeziehung unterhielt und nun nicht von ihr in unserem Bett ertappt werden wollte. In dem Moment war mein Maß an Geduld, Ertragen und Verständnis trotz meiner Liebe zu ihm voll.

Nachdem sie gegangen war, setzte ich mich alleine hin und dachte über mein Leben nach. „So kann das nicht weitergehen. Mein Leben kann so nicht verlaufen." Hinzu kam noch die Situation mit der Polizei, als ich ohne irgendeinen Grund im Irrenhaus landete. Seine Trinkereien war ich einfach satt. Das Geschäft wurde deswegen immer weniger, sodass ich kaum Geld hatte. Ich gehe ins Ausland, traf ich für mich die Entscheidung. Meine Pläne, nach Amerika auszuwandern, hatte ich wegen Edi aufgegeben. Mein Vater war arbeitslos, aber versuchte, mir irgendwie zu helfen, um das Geld für meine Reise zusammenzubekommen. Zuerst hatte ich ein Visum im amerikanischen Konsulat beantragt, aber der Antrag wurde abgelehnt. Dann beschloss ich, zuerst nach Deutschland zu reisen und von da aus ein Visum für Amerika zu besorgen. Edi wusste über mein Vorhaben Bescheid, konnte diesmal aber nichts dagegen tun. Es war ihm klar, dass ich meine Entscheidung nicht mehr rückgängig machen würde. In einem Moment fragte er mich, ob er mitkommen dürfe. Ich sagte: „Nein. Ich möchte mit dir nicht mehr zusammenleben." Seiner Schuld an unserer Trennung war er sich bewusst.

Die große Überraschung erlebte ich am Busbahnhof. Ohne Ankündigung saß Edi hinter mir im Bus. Er hatte sich in kürzester Zeit einen Pass machen lassen und alle weiteren Vorbereitungen getroffen, um mit mir zusammen weggehen zu können. Seine Arbeit, unser Geschäft, Marie mit dem Kind, seinen Vater ließ er fallen, um mit mir irgendwo ein neues Leben anzufangen. Im ersten Moment war ich glücklich, da ich ihn immer noch liebte.

8. Reise nach Europa

Unsere erste Station auf dem Weg nach Deutschland war Istanbul. Dort sind wir zwei Monate geblieben. Wir wohnten in einem preiswerten Hotel in einem Einbettzimmer. Gleich am nächsten Tag gingen wir zum amerikanischen Konsulat und haben ein Visum für Amerika beantragt. Damals gab es keine Computer wie heute, sodass man sich über alles sofort informieren kann. Die Behörden hatten sie auch nicht. Dieses ganze Verfahren dauerte fast zwei Monate. Die Amerikaner schrieben erst nach Teheran, da wir iranische Bürger waren, um sich von dort Informationen über uns zu holen. Da ich keine Ahnung hatte, wie das alles lief, und dass das

Konsulat in Istanbul nicht eigenständig entschied, habe ich auf die Frage, ob ich schon wegen eines Visums abgelehnt worden wäre, mit Nein geantwortet. Auf solche Sachen haben die Amerikaner ganz empfindlich reagiert. Nach zwei Monaten Wartezeit kam die Absage. Ich gab nicht auf und dachte, dass ich wieder in Deutschland einen Antrag für Amerika stellen könnte.

Diese Zeit des Wartens in Istanbul war für uns eine sehr schöne Zeit. Wir schliefen eng zusammen in dem Hotelzimmer auf diesem einen Bett und haben uns unendlich geliebt. Nach so langer Zeit waren wir endlich alleine, nur er und ich: keine Rivalin mit dem Kind, keine Eltern und Geschwister, kein Geschäft und Studio. Nur wir alleine in einem fremden Land, mit ein wenig Geld, was für unseren Unterhalt gereicht hatte. Unbesorgt und frei tauchten wir in endlosen Liebesrausch und Leidenschaft. Wir waren buchstäblich eins; ein Körper und eine Seele. Alles andere war mir egal. Er war da und wir lebten von einem Moment zum anderen. Einfach im Jetzt! Keine Gedanken an vergangene Ereignisse, keine Erinnerungen und keine Gedanken, wie es morgen aussehen würde. Es bestand für uns nur dieser einzige Moment. Alles andere verlor an Wichtigkeit. Wir sorgten uns nicht, wann die Antwort vom Konsulat kommen würde und wie lange wir in Istanbul, in diesem bescheidenen Hotel wohnen würden. Die Fokussierung aufeinander endete in endlosen leidenschaftlichen Umarmungen, Tag und Nacht, morgens und mittags, wir waren immer füreinander sexuell offen und bereit. Diese Gefühle, die uns getragen haben, waren einfach einmalig. Wir konnten diese Gefühle mit niemand anderem nochmals erleben. Wir genossen diese geschenkte Zeit. Nach der Absage war unsere Traumhochzeitsreise beendet und wir mussten weiterziehen. Wir kauften eine Bahnkarte nach Deutschland. Diese

Reise mit dem Zug dauerte über achtundvierzig Stunden. Der Zug war voll von Menschen aus der Türkei, Griechenland, später stiegen Jugoslawen ein. Alle suchten eine bessere Zukunft im Westen Europas und insbesondere in Deutschland. Wir alle brachten unsere Sitten und Gewohnheiten mit: unsere persischen Teppiche, um darauf zu beten, unsere Kannen zum Waschen, denn wir waren fast alle Muslime, die nach der Toilette kein Papier benutzten. Nach der Toilette waschen wir uns aus einer Kanne. Wir nahmen sie mit, weil wir dachten, dass wir solche Artikel im Westen nicht kaufen könnten. Viele Waschkannen hingen an Zugfenstern und überall, wo man dafür Platz entdeckt hatte.

Edi und ich waren so geil, dass wir auch im Zug ein Plätzchen, um Liebe zu machen, gefunden hatten. Edi nahm einen kleinen persischen Teppich, gerollt unter dem Arm, mit. Anstatt auf dem Teppich zu beten, machten wir die Liebe darauf. Für uns war unsere Liebe wie ein Gebet. Dieser ganze Trubel um uns herum und alle diese unterschiedlichen Menschen im Zug haben mich nicht tiefer interessiert. Ich war zu beschäftigt mit meiner Liebe zu Edi. Er dagegen unterhielt sich mit vielen Menschen. Ihn haben Menschen und ihre Schicksale sehr interessiert. Unsere erste Station in Deutschland war München. Gleich am Bahnhof nahm ich meine ersten Eindrücke von Deutschland wahr. Zuerst sah ich Grill-Hähnchen am Spieß in einem Imbiss. Hähnchen am Spieß fand ich ganz toll, da ich diese Art der Zubereitung nicht kannte. Am meisten faszinierten mich Frauen am Steuer in Straßenbahnen und Bussen. Dies war ein Zeichen für mich, dass Frauen hier an der Macht sind, und genau das gefiel mir. Dies entsprach meiner Vorstellung von der Stellung der Frauen in der Gesellschaft. In München angekommen, mussten wir eine Fahrtkarte nach Aachen kaufen. Dort studierte ein junger Mann aus meiner Nachbarschaft und ich hatte für ihn von seinen Eltern ein Päckchen mit. Dies war der einzige Grund, dass wir uns auf den Weg von München nach Aachen gemacht haben. Wir hatten sonst kein anderes Ziel in Deutschland. Unser Plan war, erst mal diesen jungen Iraner in Aachen zu finden, um ihm das Päckchen mit persischen Pistazien und noch einigen persischen Köstlichkeiten abzugeben. Wir waren nicht mal befreundet mit dieser Familie. Sie waren einfach aus unserer Nachbarschaft. Wir haben den Nachbar in Aachen gefunden. Er zeigte sich sehr hilfsbereit. Zu jener Zeit hatten Iran und der Schah sehr gute politische Beziehungen mit Deutschland. Dadurch konnten wir ohne ein Visum drei Monate in Deutschland bleiben. Ich wusste nicht, dass man eine Aufenthaltsgenehmigung und eine Arbeitserlaubnis überhaupt benötigte.

In Aachen haben wir wie in Istanbul ein Einbettzimmer gemietet. Der Vermieter hat uns komisch angeschaut, aber wir waren fest entschlossen, nur ein Einbettzimmer zu nehmen, weil uns auch das Bett zu groß war. Wir mieteten ein Einbettzimmer in Aachen für 12 DM. Edi hatte noch so viel Geld dabei, um einen älteren Mercedes kaufen zu können. In diesem Auto hatten wir alles, was wir fürs Leben brauchten. Später schliefen wir auch darin.

Wir wollten erst mal hier mit einem Friseursalon der Firma Schwarzkopf anfangen. Der junge Mann hatte sich informiert und sagte uns, dass Firma Schwarzkopf ihren Sitz in Hamburg habe. Kurz entschlossen machten wir uns auf den Weg nach Hamburg. Dort angekommen, mussten wir feststellen, dass wir die Schwarzkopf-Fabrik, die Haarfarbe produzierte, gefunden hatten. Ich wollte sofort mit dem Chef reden. Die Chefs in der Fabrik waren uns gegenüber sehr freundlich und haben uns alles erklärt, was in einer Produktion gemacht wird, aber auch, dass sie mit einem

Schwarzkopf-Friseursalon nichts zu tun haben. Mein erster Eindruck von den Deutschen war sehr positiv. Sie waren offen, man konnte direkte Antworten bekommen, sie waren ordentlich und diszipliniert. Im Vergleich zu Iranern hatten sie für mich mehr Vorteile. Iraner haben immer versucht, etwas zu verstecken und zu verheimlichen. Denn sie suchten in jeder Gelegenheit die Möglichkeiten, Geld zu verdienen. Edi hat die Deutschen ganz anders wahrgenommen. Er war ein großer Nationalist und der Iran als Land und Kultur mit seiner Geschichte stand für ihn über allem. Für ihn waren Deutsche nicht mal im Ansatz so viel wert wie die Iraner. Er behauptete, dass Deutsche viele Kulturgüter und Geschichte vom Iran geklaut hätten. Teilweise hat das auch gestimmt, aber mich kümmerten solche Sachen nicht.

Auch hier wollten wir unser Glück mit dem amerikanischen Konsulat versuchen. Irgendwie hatten wir erfahren, wo wir den Antrag für ein Visum stellen könnten. Man sagte uns, wir müssten nach Bad Godesberg bei Bonn. Während wir auf ein Visum warteten, sagte ich zu Edi: „Wir haben nicht mehr viel Geld. Ich suche eine Arbeit in einem der Friseursalons." Der Nachbar informierte uns, dass es in Aachen einen ganz großen und tollen Friseursalon „Goldhausen" gebe. Ich war sofort dabei und ging in den Salon, um mich vorzustellen. Der Eigentümer hatte über zwanzig Tische und entsprechend so viele Angestellte. Er nahm mich, aber sagte: „Zuerst müssen Sie zwei Monate Probezeit durchstehen, und wenn Sie gut sind, dann kann ich Sie einstellen." Diese Einstellung passierte unmittelbar nach unserer Ankunft in Aachen, nachdem ich mich ein, zwei Tage von der Reise erholt hatte. Nach einigen Tagen der Beobachtung war mein Chef zufrieden, aber wies mich an: „Frisieren Sie die Haare unsere Kundinnen einfacher und werden Sie schneller fertig. Die Frauen kommen wöchentlich zu mir, um sich die Haare machen zu lassen, und sie müssen nicht wie Schauspielerinnen aussehen." Der Chef fragte mich gar nicht nach einer Arbeitserlaubnis. Eine Aufenthaltsgenehmigung hatte ich auch nicht. Der deutschen Sprache war ich auch nicht mächtig. Trotz all dem wurde ich von den Menschen akzeptiert. Die Kundinnen des Salons gaben mir viel Trinkgeld. Mit diesem Geld konnten wir unseren Lebensunterhalt bezahlen, weil das Geld immer knapper wurde. Trotz der Anweisung des Chefs konnte ich die Haare nicht so einfach frisieren, wie er es wünschte. Ich dachte, dass jeder im Salon eine einfache Frisur machen könne, aber so eine, wie ich sie frisierte, könnte keine andere Friseuse. Alle Kundinnen wollten auf meine Art frisiert werden. Einige Wochen arbeitete ich in diesem Salon, bis sich die Sache mit dem Visum geklärt hatte.

Unser Antrag auf ein Visum für Amerika wurde abgelehnt. Nachdem auch von der amerikanischen Botschaft in Bad Godesberg unserem Antrag nicht entsprochen worden war, haben wir uns entschieden, nochmals nach Hamburg zu reisen. In Hamburg gab es auch ein Konsulat und wir wollten unser Glück für Amerika nochmals versuchen. Nach unserer Ankunft haben wir sofort ein Visum beantragt. Prompt wurde ich zum Konsul eingeladen. Das Gespräch haben wir auf Englisch geführt. Er sagte mir: „Liebe Frau, Sie haben ein Visum in Teheran, dann in Istanbul, in Bad Godesberg beantragt und nun nochmals hier versucht. Wir wissen das. Es tut mir leid, aber Sie bekommen kein Visum für Amerika." Er sprach sehr verständnisvoll zu mir und endlich hatte ich verstanden, dass ich meinen Traum von Amerika vorläufig loslassen musste.

Es entstand eine neue Situation, die zu bewältigen war. Was sollen wir nun tun? Wohin? Bei dem Nachbarn aus dem Iran konnten wir nicht ewig bleiben, denn er selbst hatte nur eine bescheidene, kleine Wohnung. Edi hatte im Iran einen Jugendfreund und es fiel ihm ein, dass er in Düsseldorf mit seiner Familie, Frau und zwei Töchtern, wohnte. Nun hätten wir, um weiterzukommen, eine Hilfe gebraucht. Der Freund war über Edis Anruf erfreut und lud uns ein, für zwei Wochen bei ihm zu wohnen. Wir erzählten ihm, was wir alles gemacht hätten.

In Düsseldorf gab es viele Friseursalons. In einem großen hatte er für uns ein Vorstellungsgespräch organisiert. Wir mussten uns am Montag um neun Uhr dort vorstellen. Am Sonntagabend hatten Edi und ich einen heftigen Streit im Auto. Den Sonntag hatten wir draußen verbracht, um die Umgebung und die schönen Ausflugsorte entlang des Rheins zu erkunden. Edi hatte wie immer seinen Alkohol schluckweise genossen. Die ganze Lage war für mich sowieso nicht einfach, und dann noch die Kraft und die Geduld für seine dämonische Seite zu haben, war schlicht und ergreifend zu viel. Es war schon dunkel draußen. Ich war so aufgewühlt durch seine verletzenden Worte, die er in einem Moment zu mir sagte, dass ich, ohne etwas mitgenommen zu haben, aus dem Auto ausgestiegen war. Ziellos lief ich durch die Stadt. Er ist mir hinterhergefahren, aber in einem Moment hatten wir uns verloren, weil ich ihm keine Beachtung mehr schenkte. Es war mitten in der Nacht. Ohne Geld, ohne irgendetwas dabeizuhaben, müde und enttäuscht, hatte ich mich auf einer Bank hingesetzt. Ich wusste nicht mal, in welchem Stadtteil von Düsseldorf ich war und wohin ich gehen sollte, um in die Belgische Landstraße, wo Edis Freund gelebt hat, zu kommen. Nicht mal die Nummer wusste ich. Ein Auto blieb bei mir stehen und ein Mann, ein Deutscher, stieg aus. Irgendwie habe ich ihm erklärt, wohin ich wollte, und er sagte mir, dass er mich hinfahren würde. Ich habe mir keine weiteren Gedanken gemacht und bin ins

Auto eingestiegen. Nachdem wir eine Weile mit dem Auto unterwegs waren, bog er in eine Straße ab. Das war nicht die Belgische Landstraße, wie ich in der Dunkelheit der Nacht erkennen konnte. Der Unbekannte parkte das Auto in seiner Garage. Ich konnte kein Deutsch, aber es wurde mir schnell klar, in welcher Lage ich mich auf einmal ungewollt befand. Ich versuchte klarzumachen, dass ich keinen Sex mit ihm haben wolle, und suchte nach dem Autogriff, um schnellstmöglich das Auto und den unbekannten Hof zu verlassen. Er nahm ein Bündel von Geld aus seiner Tasche und winkte mir mit deutschen Banknoten. Vor Aufregung und durch den Schock konnte ich nicht sofort den Griff finden. Nun machte ich endlich die Tür auf und verschwand in der Nacht in einer unbekannten Straße. Ich lief durch die leeren Straßen von Düsseldorf. Mitternacht war schon lange vorbei. Die seltenen Probanden, die mir entgegenkamen, fragte ich nach der Belgischen Landstraße. Im Morgengrauen kam ich endlich in die gesuchte Straße. Ein Auto kam mir langsam entgegen. Es war Edi. Er hatte mich verzweifelt gesucht. Er stieg aus, nahm mich in die Arme und entschuldigte sich für alles, was er gesagt hatte. Alle meine Sachen waren im Auto und ich musste mich schnell umziehen, da wir in Kürze das Vorstellungsgespräch im Friseursalon hatten.

Nach solch traumatischer Nacht betrat ich den Salon. Die Besitzerin war eine sehr geschäftstüchtige Deutsche. Sie befahl mir, in die Männerabteilung zu gehen, und Edi, in die Frauenabteilung. Ich hatte bislang nie einen Mann frisiert und wollte das gerade mitteilen. Edi unterbrach meinen Gedanken und sagte zu mir auf Persisch: „Du sagst jetzt nicht Nein." Er wusste genau, was mir durch den Kopf ging. Sofort verbannte ich diesen Gedanken und hörte weiter aufmerksam zu. Um zu sehen, wie und mit welchen Werkzeugen Männerhaare geschnitten werden, bat ich die Besitzerin, ein paar Mal dabeistehen zu dürfen, um zu lernen, wie man in Deutschland Haare schneidet. Damit war sie einverstanden. Sehr schnell hatte ich alles abgeguckt. Mein erster Kunde war ein älterer Herr. Nachdem ich fertig war, nickte er zufrieden zu mir. Ich machte weiter, fleißig und kreativ. Nach einer Woche durften wir die Seiten wechseln. Die Besitzerin war mit meinem Können zufrieden, aber es missfiel ihr, dass viele Kundinnen im Salon zu mir wollten. Sie nahm mich zur Seite und erklärte mir: „Wenn alle zu dir wollen, dann bleiben andere Mädchen in meinem Salon arbeitslos und das kann ich mir nicht leisten." Also musste ich den Salon verlassen. Edi arbeitete weiter. Ich nahm mein Frisierwerkzeug mit und ging von Tür zu Tür. Ich klingelte und bot meine Dienste Frauen zu Hause an. Nicht jeden Tag hatte ich das Glück, jemanden zu finden, der bereit war, eine Fremde ins Haus zu lassen. Aber ich gab nicht auf und klingelte an der nächsten Tür weiter.

Es waren einige Wochen vergangen und wir konnten nicht mehr bei der Familie wohnen. Der iranische Freund meines Mannes hatte eine deutsche Liebhaberin, die Helga geheißen hat. Sie war sehr offen und hilfsbereit zu uns. „Kommt zu mir. Bei mir könnt ihr zwei Wochen wohnen bleiben. Es wird sich schon was in der Zeit finden." Sie hatte gesehen, dass ich mit vielen Sachen geschickt war, und gab mir einige Stoffe, um ihr Kleider zu nähen. Sie arbeitete den ganzen Tag und wir haben für sie auch gekocht und versuchten, uns nützlich zu machen, um uns für die Unterkunft zu entschulden. Edi hatte nun die Arbeit im Salon und ich musste mir eine neue Arbeit suchen. Helga half mir bei der Suche. Sie übersetzte für mich die Zeitungsanzeige. Mit meinen Fähigkeiten und meinem Können konnte ich viele Tätigkeiten ausüben, aber meine mangelhaften Deutschkenntnisse waren das Problem. So schnell konnte ich kein Deutsch lernen. Sie fand für mich eine Arbeit als Bardame. Ich hatte keine Vorstellung, was eine Bardame tat. Ich stellte mich beim Lokalbesitzer vor und er gab mir den Job. In einer Nacht verdiente ich 120 DM plus Umsatzprozente, was für mich sehr viel Geld war.

Während ich im Lokal war, saß Edi zu Hause bei seinem Freund und trank. An einem Abend waren ihm die Zigaretten ausgegangen. Es war schon sehr spät. Er fuhr mit dem Auto, um sich vom Automat Zigaretten zu holen, obwohl ein Automat ganz in der Nähe war. Das Auto ließ er an, zog sich ein Päckchen und wollte wegfahren. Plötzlich standen zwei Polizisten hinter ihm. Seine Alkoholfahne konnte er nicht verstecken. Auf der Stelle musste er seinen Führerschein abgeben. Ich hatte keinen Führerschein. Das Auto hat sein Freund später abgeholt. Ich kam nach Hause, gut gelaunt, weil ich viel Geld verdiente, und ahnte nicht, was mich im nächsten Moment erwartete. Das Auto war unser einziges Zuhause. Wir wussten nicht, wie sich dieser Polizeivermerk auf unser Verbleiben in Düsseldorf auswirken würde, und trafen die Entscheidung, nach Köln zu ziehen. Helga hatte mir beigebracht, wie ich eine Arbeit finden konnte. In Köln haben wir am Rheinufer, auf einem Campingplatz, Edis kleines Zelt aufgeschlagen. Im Auto hatten wir unsere Klamotten, auf dem Campinggelände konnten wir duschen und im Zelt schliefen wir. Sehr schnell fand ich wieder Arbeit als Bardame. Ich begriff, wie ich viel Geld durch diese Tätigkeit verdienen konnte. Mein neuer Chef war mit meiner Arbeitsweise einverstanden. Ich trank nie Alkohol, höchstens Sekt mit Orangensaft. Durch meine anmutende Art konnte ich Männer zu teuren Flaschen motivieren. Von jeder Flasche habe ich Prozente bekommen. Ich verdiente viel Geld und unser Lebensunterhalt war mindestens für eine Weile gesichert. An einem Abend kam ein gut aussehender Iraner zur Bartheke. Er merkte sofort, dass ich auch aus dem Iran stammte. Er war ein netter Mensch und ich konnte ihm unsere Situation schildern. „Ich kann euch helfen", versprach er. Sobald ich mit der Arbeit in der Bar fertig war, erzählte ich Edi von dem neuen Bekannten. Edi hatte sowieso keine Beschäftigung und nahm dieses Angebot des Fremden an. Der Iraner war ein Teppichhändler und hat Hilfe im Geschäft gebraucht. Das Wohnen in seinem Haus war auch kein Problem. Edi war erst mal zufrieden und eine Weile war alles gut. Im gleichen Haus wohnte die Freundin des Händlers. Sie arbeitete in einem Cabaret als GoGo Girl und verdiente als teuerste Tänzerin 120 DM pro Nacht. Einmal nahm sie mich mit, um mir ihre Show zu zeigen. Ich schaute mir das an und dachte: „Das, was sie macht, kann ich noch zehnmal besser." Zu Hause weihte sie mich in ihre Welt ein. Ich entschloss mich im Nu, eine Tänzerin zu werden. Edi half mir, die Kleider für den Tanz zu nähen. Wir besorgten alles; Edi kümmerte sich um die Musik. Er schnitt die Bänder zusammen, die ich zur Ausführung der Tänze brauchte.

9. Ich wurde Tänzerin

Nach drei Monaten mussten wir wieder über die Grenze. Wir fuhren nach Belgien. Dort wollten wir übernachten und am nächsten Tag wieder nach Köln zurückreisen. Es war wichtig, dass wir nach dreimonatigem Aufenthalt einen Ausreisestempel in unsere Pässe bekamen. Am Abend verkürzten wir uns die Zeit in einer Bar mit Spielgeräten. Edi fand Gefallen an diesen Automaten in der Hoffnung, viel

Geld zu bekommen. Ich mochte diese Hasardspiele gar nicht, konnte ihm aber nicht alles verbieten. Auch dann nicht, wenn er das Geld fürs Abendessen verspielte. Die Wirtin sagte etwas zu Edi, was wir aber nicht verstanden haben. Ich konnte bis heute keinen Grund finden, warum diese Frau die Polizei angerufen hatte. Weder Edi noch ich hatten was Falsches getan. Wir konnten uns nicht verständigen und sie nahmen uns mit zur Polizeiwache. Ihn haben sie eingesperrt und ich wollte ihn nicht allein lassen und verbrachte die ganze Nacht auf der Bank in der Wache. Innerlich zitterte ich vor Angst, von diesen großen und unangenehmen Männern vergewaltigt zu werden. Die ganze Zeit schauten sie zu mir und machten sexuelle Anspielungen. Am nächsten Morgen brachten sie uns zum Richter. In der Zwischenzeit kam der Freund aus Düsseldorf, um uns sprachlich zu verteidigen. Da kein Vergehen unsererseits festzustellen war, mussten sie uns freilassen. Dem Freund waren wir für sein Kommen unendlich dankbar. Er rettete uns aus einer sehr stressbeladenen Situation, die wir mit nichts verursacht hatten.

Während der Rückkehr nach Köln fragten wir uns, wie es weitergehen solle. Alle unsere Stationen bisher hatten nur eine vorübergehende Relevanz für uns. Sobald sich etwas veränderte oder wir eine neue Chance gesehen haben, sind wir weitergezogen. Auch wenn Edi im Iran geboren war, dachte und handelte er nicht wie ein typischer persischer Mann. Das war auch der Grund, dass ich ihn von Anfang an so geliebt habe. Ich konnte ihn lieben und so sein, wie ich bin, ohne mich verstellen und anpassen zu müssen. Meine Ideen hat er ebenso wie die seinen angenommen und mit mir zusammen weiterentwickelt. Es kam nie in unserem Leben vor, dass er mir etwas verbieten wollte. Auch dann nicht, wenn er in einigen Situationen, wie jeder andere

Mann, eifersüchtig wurde. Es herrschte ein tiefes Vertrauen zwischen uns. Nach einiger Zeit missfiel Edi die Arbeit bei dem Landsmann. Wir konnten darauf nichts auf die Dauer aufbauen. Meine nächtliche Tätigkeit in der Bar hatte ihm auch nicht immer gepasst. Manchmal musste ich länger bleiben, wenn eine wohlhabende Gesellschaft in der Bar viel Geld ausgeben wollte. Irgendwann haben wir uns entschieden, nach Süden zu ziehen. Nun hatte ich alle Tanzrequisiten fertig und war bereit, als exotische Schönheitstänzerin in einem Cabaret anzufangen mit meiner eigenen Show. Diese Dame wollte mir wirklich helfen und brachte mich in Köln zu einem anderen Cabaret. Ich habe mich bei dem Besitzer vorgestellt. Er schaute sich meinen Tanz an. Mit meiner Vorführung war er zufrieden und bot mir 80 DM pro Abend für vier Tänze. Mit dem Geld war ich nicht ganz zufrieden, aber ich hatte das erste Mal einen Vertrag. Meine Kleider hatte ich mir mit Edis Hilfe selbst genäht. Das Geld für teure Tanzkleider hatte ich nicht. Natürlich erzählte ich niemandem, dass ich nie in meinem Leben professionell getanzt hatte. Edi und ich waren gerne in die Disco gegangen. Es waren die verrückten Sechzigerjahre in Deutschland. Angekommen waren wir im Frühjahr 1966. Die großen Discos und der D.J. faszinierten uns. An unseren freien Abenden tanzten wir bis zum Morgengrauen, die ganze Nacht hindurch. Viele interessante Erlebnisse und einen Kulturwandel durchlebten wir in diesen Nächten. Ich fühlte mich frei und genoss, unter diesen Menschen zu sein, die alleine mit sich selbst oder ungezwungen miteinander getanzt haben. Edi und ich tanzten wild alleine oder miteinander und genossen die ganze Atmosphäre um uns herum. Männer fragten Edi, ob ich seine Frau wäre und ob sie mit mir tanzen dürften. Eigentlich wollte ich mit keinem anderen Mann außer Edi tanzen, aber er selbst ermunterte mich, die Einladungen anzunehmen. „Er will nur tanzen mit dir, da du so eine tolle Tänzerin bist." Einmal kam eine Frau auf mich zu und wollte auch mit mir tanzen. Das erste Mal kam ich mit einer lesbischen Frau in Kontakt. „Ich bin Willy", sagte sie zu mir. „Wieso heißt du Willy? Das ist doch ein männlicher Name", fragte ich sie naiv. „Ich bin ein Mann", entgegnete sie mir. „Die Lesben wären nichts für mich. Ich brauche einen richtigen Mann im Bett", dachte ich mir.

Und so wurde ich Tänzerin. Ich spielte meine Tanz-Show abhängig von dem Aufkommen der Gäste. In der Zwischenzeit unterhielt ich mich mit den Gästen, die mich gerne zum Drink einladen wollten. Auch von dem Getränkeumsatz bekam ich einen bestimmten Prozentsatz. Am Monatsende sollte ich meinen Lohn bekommen. Der Besitzer zahlte mir weniger, als wir vereinbart hatten. Ich war sehr wütend auf ihn und spuckte verächtlich auf ihn. Er nahm von dem Geld 50 DM und sagte: „Du hast auf meinen Anzug gespuckt und ich muss ihn zur Reinigung bringen." Ich steckte schnell den Rest in meine Tasche, holte aus der Garderobe meine Kostüme und verschwand aus diesem Cabaret. In Köln wollte ich kein anderes Cabaret suchen. Zu Hause erzählte ich Edi, wie der Cabaret-Besitzer mich entlohnt hätte. Da er auch mit dem, was er tat, nicht zufrieden war, packten wir unsere Sachen ins Auto und fuhren durch Deutschland nach Süden.

10. In Stuttgart

Wir beide sind geboren und aufgewachsen in einer Großstadt und auch in Deutschland hielten wir uns nur in den größeren Städten auf. Ländlich zu wohnen war gar nicht unsere Lebensart. Stuttgart war unsere nächste Lebensstation.

Dort angekommen, fing ich sofort an, ein Cabaret zu suchen.

Belehrt durch die erste Erfahrung machte ich mit dem neuen Cabaret-Besitzer einen festen Preis aus. Ich verlangte 80 DM und er war sofort einverstanden. Das war ein sehr netter und hilfsbereiter Mann. Meine Arbeit interessierte ihn sehr. Insbesondere faszinierte ihn meine Art, wie ich Getränke verkaufte. Durch die Umsatzsteigerung im Cabaret, seit ich dort tanzte, wusste er, wie wertvoll ich für das Geschäft war. Eigentlich hätte er mich noch besser bezahlen sollen. Aber ich war zufrieden mit ihm. Seine Freundlichkeit tat mir gut. Was noch viel wichtiger war, ich musste nicht fürchten, dass er mich sexuell belästigte. Er war ein Familienmensch. Ich konnte mir immer noch keine teuren Kleider leisten und der Chef versprach mir: „Wenn wir noch mehr Geld fürs Geschäft verdienen, werde ich dir das Geld für die neuen Tanzkleider geben." Zu Hause bereitete ich immer neue Tanznummern vor. Die Musik suchte ich selbst aus und Edi schnitt sie dann passend zu meiner Choreografie mit. Ich arbeitete unter einem von Edi erfundenen Künstlernamen. Meine Arbeitszeiten waren von 22 Uhr bis 4 Uhr morgens.

11. Edi landet im Gefängnis

Edi verbrachte seine Zeit entweder im Zimmer oder trieb sich irgendwo draußen in der Gaststätte rum. Einmal saß er im Auto und wartete auf jemanden. Den Autoschlüssel steckte er unglücklicherweise in das Schloss. Die Polizei hielte hinter seinem Auto an. Der TÜV von unserem Auto war abgelaufen. Wir wussten nicht mal, was TÜV bedeutet und was man tun müsste. Sie kamen zu ihm an die Fensterscheibe. Aus dem Auto verbreitete sich eine starke Alkoholfahne. Auch wenn das Auto gar nicht angelassen worden war, steckte der Schlüssel im Schloss und Edi saß auf dem Fahrersitz. Sie nahmen ihn sofort mit in die Polizeiwache. In der Polizeiwache sagte er, dass er eine Frau habe und ob sie ihr Bescheid sagen könnten, wo er sei. Am nächsten Tag weckte mich die Polizei. Ich war zuerst sehr besorgt um ihn, dann verstand ich, dass er indirekt auch unseren „Schwarzstatus" der Polizei offenbart hatte. Denn an einem Abend sprach mich im Cabaret ein Polizeibeamter in Zivil an. Ich hatte weder eine Arbeitserlaubnis noch eine Aufenthaltsgenehmigung. Unsere Existenz war bedroht. Der Cabaret-Eigentümer wollte mir helfen und machte einen Arbeitsvertrag mit mir. Mit diesem Vertrag bin ich in die Schweiz gereist, um an der Grenze einen neuen Eingangsstempel in meinen Pass zu bekommen.

Schon wieder unerwartet stand ich vor einer neuen Situation: Edi war im Gefängnis, ich hatte keinen Führerschein, das Auto wurde abgemeldet. Mein Chef brachte mir seinen Freund, um mich in die Schweiz zu fahren. Wir mussten dort übernachten und am nächsten Tag zurückkehren. Der Mann kannte mich aus den abendlichen Tanzvorführungen und ich wusste, dass ich ihm als Frau sehr gefallen hatte. Wie konnte ich mit diesem Mann in einem Zweibettzimmer übernachten? Es war für mich eine äußerst prekäre Situation. Der Mann versuchte, meine Notlage zu seinem Vorteil zu wenden, und wollte mich um jeden Preis ins Bett kriegen. Ich fühlte mich sehr schlecht, denn so was käme für mich gar nicht infrage. Mehrfach musste ich mich wehren und wiederholt erklären, dass ich meinen Mann liebe und keinen anderen Mann haben wolle. Endlich gab er auf und ließ mich in Ruhe. Am nächsten Morgen fuhren wir zurück nach

Stuttgart. Die Grenzpolizei war sehr streng und ohne diesen Arbeitsvertrag hätten sie mich nicht reingelassen. Ich konnte nun mindestens für eine kurze Zeit aufatmen. Der Chef hatte nie länger als einen Monat eine Tänzerin beschäftigt, weil die Gäste einen ständigen Programmwechsel gewohnt waren. Der Chef verlängerte meinen Vertrag um einen weiteren Monat unter der Bedingung, dass ich neue Tänze vorführte. Ich bemühte mich sehr, eine ganz neue Choreografie einzuüben, um meinen Chef zufriedenzustellen. Edi blieb zwei Monate lang im Gefängnis. Ich fühlte mich sehr einsam und alleine. Dann kam Nachricht von ihm, dass er in drei Tagen rauskomme. An diesem Tag kochte ich eine Zunge, von der ich dachte, es wäre eine Schafszunge. Gerade wollte ich sie essen, doch beim ersten Biss merkte ich, dass das keine Schafszunge war. Ich schaute auf die Verpackung und es stand drauf: „Schweinezunge". In meinem Leben aß ich kein Schweinefleisch. Schnell spuckte ich es aus und putzte meine Zähne. In diesem Moment klopfte jemand an der Zimmertür. Ich wunderte mich, wer das sein könnte, denn Edi habe ich erst in drei Tagen erwartet. Ich machte doch die Tür auf und Edi stand im Türrahmen. Von der freudigen Überraschung liefen mir die Tränen. Unsere Umarmung und die Küsse nahmen kein Ende. Unser Verlangen und der Wunsch nacheinander waren kaum auszuhalten. Den ganzen Tag machten wir Liebe und das Bett quietschte und rappelte, genauso wie von dem Paar im benachbarten Zimmer, das ich die Tage davor hatte anhören müssen. Irgendwann bekam er Hunger. Da ich nichts anderes zum Essen hatte, bot ich ihm die Schweinezunge an, die er mit großem Appetit gegessen hat. Er war kein praktizierender Muslim und machte kein Drama aus einer Schweinezunge auf seinem Teller. In meiner Vorstellung war kein anderer Mann für mich der Richtige, auch wenn ich durch seinen alkoholisierten Zustand viel gelitten hatte. Für diese Wärme, die sich zwischen uns im Bett im Nu entwickelte, war ich bereit, alles zu ertragen und zu erdulden. Es war nicht nur Sex, der mich an ihm so gehalten hat. Mit meiner Ausdauer im Bett konnte er gar nicht mithalten und meine sexuellen Bedürfnisse blieben sehr häufig unerfüllt. Auf die Nächte mit ihm im gemeinsamen Bett konnte ich einfach nicht verzichten. Welche Wärme strahlte er im Bett zu mir aus, das ist mir heute noch unerklärlich. Für unseren Lebensunterhalt musste ich aufkommen. Viele Tätigkeiten waren für Edi unter seiner Würde und er machte es einfach nicht.

Ob ich Haare frisierte, putzte, tanzte oder sonst was machte, war mir egal, solange das bezahlt wurde. Er stand immer noch in seiner Vorstellungskraft unter dem Rampenlicht einer Chef-Synchronisation von dem größten Filmstudio in Teheran. Dafür hatte ich auch Verständnis und nahm alle Lasten des Alltags auf mich. Außerdem hatte er sein Leben in Teheran wegen mir zurückgelassen. Ich liebte ihn und dachte nicht mal im Traum daran, ihn zu verlassen. Dennoch wurde mir klar, dass ich auf die Dauer mit ihm keine stabile Existenz aufbauen konnte. Er behinderte mich mehr, als dass er eine Stütze gewesen wäre. Meine Schwester Lili war unverheiratet und wir beide verstanden uns immer sehr gut. Ich schrieb ihr einen Brief, dass sie nach Deutschland kommen solle, und verschickte ihn mit einer Puppe, die ich für meine kleine Nichte, die Tochter meiner anderen Schwester, gekauft hatte. Ich selbst hatte nie mit Puppen gespielt. Dafür war ich auch als Kind zu erwachsen gewesen. Nun hatte ich im Schaufenster genau so eine Puppe gesehen, die ich mir im Tiefsten meines Herzens doch gewünscht hatte. In der Tasche hatte ich das Geld nur fürs wöchentliche Essen gehabt. Wenn ich das nun für die Puppe ausgab, von was kaufte ich uns das Essen? Und ich ging am

Fenster vorbei. Ich ging vorwärts, die Gedanken bewegten sich zur Puppe rückwärts. Meine Ratio gab nach und mit dem letzten Geld kaufte ich diese Puppe und schickte sie in den Iran mit der Einladung an meine Schwester.

12. Meine Schwester Lili kam nach Deutschland

Sie war über meine Einladung und die Möglichkeit, nach Deutschland zu kommen, sehr erfreut. Aber ihrem Kommen mussten auch unsere Eltern zustimmen. Ich schrieb, dass sie auch studieren könne, falls von ihr gewünscht. Die ganze Familie war einverstanden und Lili hat sich einen Pass besorgt. Ich schickte das Geld für den Pass und auch für die Reise. Es dauerte eine Weile, bis sie ein Visum für die Einreise nach Deutschland vom Konsulat bekommen hat.

Während ich auf sie gewartet habe, bemühte ich mich um eine Agentur, über die ich einen Vertrag bekommen könnte, um nicht ständig so kreuz und quer reisen zu müssen. Eine Agentur aus Nürnberg hat mir einen Vertrag geschickt. Lili kam nach Deutschland, ungefähr ein halbes Jahr nach mir. Ich selbst hatte zu diesem Zeitpunkt keinen richtigen Aufenthaltstitel und musste immer noch alle drei Monate ausreisen wegen des Stempels in meinem Pass. Aber das machte mir keine Sorgen, denn ich habe gewusst, dass ich es schaffen würde. Das einzige Problem war Edi beziehungsweise seine Alkoholsucht.

Nun hatte ich den Vertrag in der Tasche, Lili war da und das gab mir ein gutes Gefühl. Sie war eine wunderschöne, reine Seele. Seelisch und physisch war sie unberührt. Ihre Güte und ihre weibliche Schönheit waren unvergleichlich. Durch den Altersunterschied von fünf Jahren hatte sie in vielen Belangen des Familienlebens nicht teilgenommen. Alle finanziellen Angelegenheiten hatte ich mit meinem Vater geregelt, denn ich habe als Flugbegleiterin und im Studio gearbeitet. Nach ihrer Ankunft saßen wir zusammen und ich erläuterte ihr die Möglichkeiten, die wir im Moment hatten, und was wir in der nahen Zukunft tun könnten. Mein Traum von Amerika hatte mich immer noch nicht verlassen, diese Option stand auch offen. Dort zu studieren, wäre für uns beide eine tolle Chance, denn Lili hatte auch wie ich das Abitur abgeschlossen und war eine intelligente Person. In ihrem Wesen hatte sie etwas so Reines und Unverdorbenes, was sie nach außen hin ausstrahlte. Wie eine Rosenknospe. Ich hatte schon viele Erfahrungen mit den Menschen gesammelt und wusste, wie ich mich in der Welt zurechtfand, und fühlte mich für sie verantwortlich. Ich erzählte ihr von dem Vertrag, den ich bereits in der Tasche hatte, und fragte sie, ob sie sich auch vorstellen könne, mit mir zu tanzen. Damit hätten wir Geld verdient, um unsere Reise nach Amerika zu finanzieren. Sie war mit meinem Vorschlag einverstanden. Wir kauften schöne Stoffe und fingen an, die Kleider zu nähen. Edi hat uns auch dabei unterstützt. Er mischte und schnitt die Musik für unsere neue Nummer. Es hatte alles ganz gut ausgesehen, bis ...

Sehr häufig bin ich erst im Morgengrauen aufs Zimmer gekommen, weil ich nach der Tanznummer bei den Gästen geblieben bin, die dann ganz gut Geld ausgegeben haben. Da ich schon immer eine geschäftstüchtige Person war, habe ich hier eine Möglichkeit gesehen, gutes Geld zu verdienen. Nach so einer durchgearbeiteten Nacht kam ich ins Zimmer. Lili hat schon geschlafen. Edi war nicht da. Am Tisch lag ein Zettel: „Eine Frau hat mir ein schönes Angebot gemacht, das ich nicht ablehnen konnte. Suche mich nicht." Ich wusste, welche Frau das war und auch, in welchem Zimmer er jetzt gerade mit einer anderen Frau Sex hatte. Es war meine Kollegin. Anstatt zu schreien, an der Tür zu klopfen, ein Theater zu machen, tat ich gar nichts. Ich fühlte mich sehr verletzt und mit diesem emotionalen Schmerz legte ich mich in einer Ecke hin. Wir drei schliefen in diesem einen Zimmer und ich wollte nicht, dass meine Schwester davon was mitbekam. Ich wollte mit Edi nicht mehr in einem Bett schlafen und hatte mir in einer Ecke aus Tüchern ein Lager gemacht und darauf geschlafen. Ich wusste nicht, was ich mit ihm machen sollte.

In den nächsten Tagen kam ein Engagement von der Agentur nach Berlin. Wir packten unsere Sachen und reisten alle zusammen nach Berlin. Dort angekommen, haben Lili und ich unsere gemeinsame Nummer getanzt. Es war ein großer Erfolg. Sie hat mich sofort verstanden und konnte sich sehr gut auf mich einstellen. Sie war nicht nur meine Schwester; sie war meine Mutter und meine Freundin. Mit ihrem wunderbaren Wesen verzauberte sie alle Menschen, mit denen sie zu tun hatte. Unsere Show war sehr gut angekommen und eine neue Agentur wollte uns haben. In Berlin war es für uns sehr kalt. Wir trugen Pelzhüte und waren von Kopf bis zum Fuß eingehüllt, aber das Wetter in Berlin war trotzdem für uns unerträglich. Diese neue Agentur war aus Hamburg. Es war eine sehr gute und angesehene Agentur in ganz Deutschland. Eine Schwester hat nach außen Kontakte geknüpft und die andere hat eher Büroarbeit gemacht. Sie kamen nach Berlin, um sich unsere Show anzuschauen. Sie waren sehr zufrieden mit unserer Darbietung und boten uns einen Vertrag an. Ich habe mit ihnen über unsere Gage verhandelt und habe für uns beide ein sehr gutes Honorar ausgehandelt. Es hatte alles zwischen uns gestimmt. Sie stellten uns nur eine Bedingung: Wir dürften mit keiner anderen Agentur Verträge abschließen. Damit war ich einverstanden, denn warum sollten wir das tun, wenn wir von ihnen alles bekommen hatten, was wir uns vorstellten.

Edi war mit dabei und hat uns unterstützt, wo er konnte, aber seit jener Nacht mit meiner Kollegin in Nürnberg wollte ich keinen körperlichen Kontakt mehr mit ihm haben. Er hat gewusst, warum, und versuchte, mich weichzumachen, aber ich blieb unnachgiebig. Der Brief, den ich versteckt im Fenster gefunden hatte, bekräftigte meinen Entschluss, dass zwischen uns die Sache fertig war. Er schrieb den Brief zu M. Meine Emotionen drehten in meinem Kopf wie in einem Ringspiel. Das war kein richtiger Liebesbrief, aber er wollte sich mit ihm die Rückkehr zu ihr offenhalten. Das alles hätte ich noch ertragen können. Aber er beschrieb in diesem Brief mehrere Sexszenen mit ihr, um sie wieder wach zu küssen. Das Leben in Deutschland war für ihn nicht das, was er sich vorgestellt hatte. Für mich dagegen war es das Land mit vielen Möglichkeiten und ich hatte erfahren und gesehen, dass ich es schaffen könnte, mir und meiner Familie eine solide Existenz aufzubauen. Er konnte mir dabei nicht helfen. Ja, er war dabei, hatte mich unterstützt, Haushaltsarbeiten abgenommen, aber fürs Geldverdienen hatte ich ihn nicht gebraucht. Das konnte ich besser alleine schaffen. Innerlich war ich so aufgewühlt, während ich seine Zeilen an meine Freundin und seine offizielle Frau las, dass ich den Brief zerriss. Er hat später gesehen, dass der Brief nicht am Fenster war, wo er ihn versteckt hatte, fragte mich aber nichts. Zwischen uns war nun alles klar. Nach einiger Zeit verstand er, dass er so nicht weiterleben konnte, und sagte mir, dass er zurück nach Teheran wolle. Ich hinderte ihn nicht. Denn er konnte sich nicht kontrollieren, weder bei seinem Alkoholkonsum noch dabei, mit fremden

Frauen ins Bett zu gehen. Auf die Dauer hätte er meinen Ruf und die schwer erarbeitete Achtung durch sein Verhalten ruiniert. Das konnte ich mir einfach nicht leisten. Für mich war es klar, dass ich hier bleiben und auch meine restliche Familie zu mir holen wollte. Das Geld für die Reise und für alles, was er brauchte, und auch noch zusätzlich für sein Leben im Iran hatte ich ihm gegeben und wir verabschiedeten uns am Bahnhof. Es war ein düsterer, kalter Abend in Berlin. Am Himmel stieg schon der Mond und in mir brach die Welt zusammen. Ich hatte ihn aus meinem Leben gestrichen, aber mein Herz war aus meiner Brust gerissen und reiste mit ihm zurück. Mein Herz war tot, eingefroren. Aber nach seinem Weggang ging es mit unserer Arbeit bergauf. Die schlechte Energie, die durch unsere Beziehung den beruflichen Weg immer wieder durchkreuzt hatte, war nicht mehr da und wir konnten uns ungehindert entfalten. Ich habe gesehen, dass wir viel Geld verdienen und unseren Traum von Amerika verwirklichen können. Dennoch, in der Tiefe meines Inneren war ich ohne ihn eingebrochen und zerstückelt und fühlte mich wie eine Drogensüchtige, die sich einem Entzug unterzogen hat. Nach außen zeigte ich niemandem, wie ich mich gefühlt habe. Nicht mal Lili habe ich was erzählt. Sie war kein dummes Mädchen, sie verstand alles und fühlte, wie es mir schlecht dabei ging, aber sie sagte auch nichts.

13. Edi kehrte in den Iran zurück

Nachdem Edi weg war, bekamen wir von der Agentur Reimann ein Engagement in Norditalien. Dieser Auftrag gefiel uns nicht sehr und wir waren froh, als sie uns in der Kürze wieder in Deutschland in Helmstadt engagiert hatten. Dort kamen wir in ein Cabaret zu einem Ehepaar. Wir haben den ganzen Monat getanzt und am Monatsende zahlten sie uns nur unsere Gage, aber keine Prozente für die Umsatzsteigerung, die durch unseren Einsatz verdient worden war. Und sie haben sehr viel mit uns verdient. Wir beschwerten uns bei der Agentur, aber sie konnten nichts tun, da die Umsatzbeteiligung im Vertrag nicht vereinbart war. Aber sie rieten uns, Mitglied in der internationalen Artistenloge in Hamburg zu werden, damit wir vor Betrugsfällen einen Schutz hätten. Seit der Zeit haben wir ordentliche und feste Verträge von der Agentur bekommen, die uns im ganzen Land engagierten. Es lief alles wunderbar und wir waren sehr zufrieden. Wir wurden immer besser und entsprechend stieg unsere Gage bis zu 500 DM. So arbeiteten wir vier Jahre nach Edis Rückkehr. Nach einem Jahr meines Deutschlandaufenthalts brachten wir unsere Eltern ins Land. Meine Mutter war vor Sehnsucht nach uns krank geworden. Ich lud sie ein, uns zu besuchen. Wir holten unsere Eltern zu uns. Wie eine Künstlertruppe reisten wir alle zusammen von einer Stadt zur anderen. Unsere Show lief immer einen Monat in einem Cabaret, dann mussten wir weiterziehen. Es blieb keine andere Möglichkeit, als zwei Zimmer zu mieten: eines für mich und Lili und das andere für meine Eltern. Am Anfang war es mir sehr unangenehm, meinem Vater zu erzählen, wie wir unser Geld verdienten. Aber wir machten keine schlechten Sachen und mein Vater kam ins Cabaret, um sich unsere Show anzusehen. Er konnte unsere Arbeit sehr gut akzeptieren. Im Vergleich zu meinem Vater, der ein weltoffener Mensch gewesen war, fühlte sich meine Mutter besser innerhalb von vier Wänden. Sie kochte für uns, machte uns Frühstück und hielt uns den Rücken für unsere Arbeit frei. Nach einem Jahr fühlte sie sich nicht mehr wohl. Sie wollte wissen, wie es weitergehen sollte. Sie dachte, dass sie nun genug in Deutschland gewesen sei und die Zeit gekommen wäre, in den Iran zurückzukehren. „Na ja, ich weiß nicht, wie es weitergeht, und ich muss wahrscheinlich bald zurück und ohne euch beide kann ich nicht leben." „Was möchtest du?" „Ich möchte bleiben", sagte sie mir. „Dann bleibe." „Wie lange kann ich denn bei euch bleiben?" „Solange du willst. Lebenslang", antwortete ich ihr. Es war so. Meine Mutter blieb bei mir bis zu ihrem Tod in hohem Alter. Wir alle hatten keine richtige Aufenthaltsgenehmigung. Die Agentur hatte mir bescheinigt, dass wir einen dreijährigen Vertrag hätten. Mit diesem Vertrag und unseren Pässen ging ich zur Polizeibehörde in Flensburg. Der Beamte nahm alles, schaute es sich an und stempelte alle vier Pässe für ein Jahr. Da ich zu diesem Zeitpunkt keine deutschen Gesetze kannte, war das Thema das größte Problem für mich gewesen. Nun war das Problem endlich vom Tisch. Von nun an konnte ich uneingeschränkt reisen. Mit meiner Schwester reiste ich in die anderen europäischen Städte: nach London, Paris, Zürich ... Da ich jetzt Geld hatte und meine Sparbücher vorlegen konnte, war es kein Problem, eine Einreise in die europäischen Länder zu bekommen. Als das alles problemlos abgelaufen war, sagte ich Lili: „Nun ist die Zeit gekommen, dass wir nach Amerika reisen." Wir packten unsere Sachen in einem Koffer zusammen und deponierten ihn bei meinem deutschen Freund, der bei der Marine angestellt war. Falls wir uns entscheiden sollten, dort zu bleiben, sollte er uns diesen Koffer per Schiff nachsenden. Meine Eltern wollten nach unserem Weggang nicht in Deutschland bleiben und entschlossen sich, während unserer Amerikareise in den Iran zu reisen. Falls wir zurückkämen, würden sie wieder einreisen. Zwei Monate wollten wir auf jeden Fall dort bleiben.

14. Endlich nach Amerika

Nach Amerika einzureisen, ohne ein Visum zu haben, geht nicht. Das wusste ich nur zu gut aus meiner eigenen Erfahrung. Nochmals ging ich zum amerikanischen Konsulat, um für uns ein Visum zu besorgen. Ein großer, farbiger Konsul fragte mich: „Haben Sie schon mal ein Visum für Amerika beantragt?" Wie konnte ich diese Frage vergessen? Ich lächelte innerlich und erzählte ihm ehrlich, wo ich schon versucht hatte, ein Visum zu bekommen. Wir lachten zusammen über diese Geschichte. „Können Sie auch Geld nachweisen?", fragte er mich. „Ja. Da ist unser Geld." Ich zeigte ihm unsere Sparbücher. „Wenn Sie versprechen, dass Sie zurückkommen, gebe ich euch ein Visum." „Jetzt kann ich das versprechen, aber ich weiß nicht, wie das wird, aber ich schicke Ihnen eine Karte." Wir lachten und er stempelte unsere Pässe ab.

Endlich reisten wir über den großen Ozean zu unserem Traumland. Zuerst landeten wir in New York, Washington, San Francisco, Los Angeles, Las Vegas. Wir verbrachten ca. eine Woche in jeder Stadt. Nach einiger Zeit fing ich an, nach Agenturen zu suchen, die uns helfen würden, dort Fuß zu fassen. Wir besuchten Cabarets und versuchten, im künstlerischen Milieu Kontakte zu knüpfen. In Hollywood begegneten wir einem Regisseur, der im gleichen Haus, wo wir gewohnt haben, ein Büro besaß. Wir wussten das nicht und fragten ihn, ob er eine Agentur kenne, die Künstler vermittele. Er war von uns begeistert und lud uns ins Büro ein. Er stellte sich vor und sagte, dass er gerade an einem Film über Spanien arbeite und nach dunkelhaarigen Darstellerinnen suche. Unsere langen, schwarzen Haare und so zwei schöne Frauen würden genau passen. Ich fragte ihn, was wir denn verdienen würden. Darüber konnte er uns keine klare Antwort geben. Erst hätten wir verschiedene Shootings und Castings zu machen und dann könne man das sagen. Das hat mir nicht gefallen, denn in Deutschland hatten wir uns schon etabliert und bekamen den höchsten Satz in unserer Branche. Ebenso hatten wir einen festen Vertrag bei der Agentur. Hier wussten wir nicht, ob unsere Nummer gut ankäme und wie das mit der Bezahlung wäre. Mit einigen Cabaret-Besitzern habe ich gesprochen und aus diesen Gesprächen festgestellt, dass die Bezahlung schlechter war als in Deutschland. Um das Dilemma zu klären, rief ich die Reimann-Agentur in Hamburg an, um Bescheid zu sagen, dass unser Aufenthalt etwa länger dauern würde. „Wieso länger? Ich habe für euch die Verträge schon fertiggemacht. Du wolltest doch 500 DM pro Abend. Das habe ich euch gegeben. Was willst du noch?" „Okay, wenn das so ist, dann kommen wir rechtzeitig zurück." Außer der Bezahlung hat mir in Amerika das ganze System nicht gefallen. Viele Betrüger und Lügner, die uns begegnet sind, haben mich an den Iran erinnert. Und damit wollte ich schon lange nichts mehr zu tun haben. Denn dies war einer der Gründe gewesen, dass ich den Iran verlassen hatte. Eine beängstigende Erfahrung haben wir in Chicago bei der Hotelsuche gemacht. Es stürzten vier, fünf schwarze Männer auf uns zu und wollten uns helfen, unsere Koffer irgendwo hinzubringen, und drängten sich um uns. Ich musste für uns ein Zimmer besorgen und hatte Angst, meine Schwester alleine mit unseren vielen Koffern auf der Straße mit diesen Männern zu lassen. Das war genauso schlimm wie im Iran und ich dachte, bin ich jetzt so weit gereist, um in einem neuen Iran zu landen? Ich schickte Lili auf die Straße, um ein Taxi zu stoppen, denn anders kamen wir nicht fort. Der Taxifahrer half uns, die Koffer im Taxi unterzubringen. Ich sagte ihm:

„Fahr einfach weg. Wir suchen ein günstiges Zimmer. Können Sie uns helfen?" Er brachte uns zu einem Hotel. Unsere Freude über eine Unterkunft hielt nicht lange an, da holte uns die nächste Unannehmlichkeit ein. Im Zimmer packten wir beide unsere Sachen aus. Auf einmal hörte ich, dass jemand in unserem Bad duschte. Ich machte die Tür auf und fragte die Person: „Wer sind Sie? Was machen Sie in meinem Bad?" „Wer sind Sie? Und was wollen Sie hier? Ich will duschen." Ich war fertig mit den Nerven und so ging ich zum Besitzer. „Wieso konnten Sie unser Bad an andere Leute vermieten? Ich habe Ihnen doch ein Doppelzimmer mit Bad bereits bezahlt?" Das war eine Stadt der Betrüger. Sie wollten rücksichtslos zu Geld kommen, egal, ob das mit Lügen, Betrug oder Gewalt passierte. Nö, dachte ich mir. In so einem Land möchte ich nicht leben. In Deutschland ist alles geregelt und man kann sich auf das System und die Menschen verlassen.

Unsere Amerikareise haben wir auf der anderen Seite in vollen Zügen genossen. Wir wollten vieles ausprobieren, uns anschauen, in Erfahrung bringen, diese neue Welt abtasten. Denn es stand immer noch im Raum, ob wir bleiben oder zurückkehren wollten. Jede Nacht besuchten wir ein anderes Cabaret und wir haben insgesamt sehr viel Geld dort gelassen. Aber das war uns egal. Wir wollten genießen und es uns gut gehen lassen. Dennoch, wenn ich mir alles genau anschaute, kam ich zu der Erkenntnis, dass Amerika ein Dschungel ist. Die deutsche Disziplin und ihre Ordnung liebte ich viel mehr als diese Dschungelgesellschaft. Diese Ordnung gab mir eine Sicherheit, auf die ich mich verlassen konnte. Und das, was ich in Deutschland gefunden hatte, gab es in keinem anderen asiatischen Land. Als Flugbegleiterin bereiste ich viele dieser Länder, aber wenn ich sie mit Deutschland verglichen habe, kam kein anderes Land auch nur annähernd an das deutsche System. Hier konnte ich meine Rechte haben, keiner durfte mich unterdrücken. Amerika war für mich einfach Chaos. Nach zwei Monaten entschlossen wir uns, nach Deutschland zurückzukehren.

15. Rückkehr nach Hamburg

Unsere Agentur empfing uns mit offenen Armen und gab uns viele gute Verträge, wodurch wir die Gelegenheit bekamen, die bestverdienenden Tänzerinnen von Deutschland zu werden. In der Zeit machten wir beide unseren Führerschein und ich habe auch eine Flugschule besucht und auch den Pilotenschein bekommen. Ich war sehr gut und mein Fluglehrer war so sicher, dass ich die Navigation beherrsche, dass er mir einmal auch eine falsche Berechnung genehmigte. Erst in der Luft merkte ich, dass etwas nicht stimmte. Noch nie war ich bei Dunkelheit gelandet und gerade jetzt, bei der fehlerhaften Navigation, musste ich noch dazu eine Nachtlandung machen. Es kam ein anderes Flugzeug, um mich zu lotsen, und ich kam mit meinem Flugzeug unversehrt runter. Viele Menschen hatten sich versammelt und ich wusste nicht, was der Grund war. Alle haben geklatscht und mir zu meiner ersten Nachtladung gratuliert.

Mein erster langer Flug nach Wilhelmshaven endete mit einer Bruchlandung. Ich hatte Tausende Engel auf meiner Seite, dass ich nur mit leichteren Verletzungen davongekommen war. Meine Nase und einige Rippen waren gebrochen und ich musste doch einige Tage im Krankenhaus verbringen. Es war ein wahres Wunder, dass ich diesen Absturz nicht nur überlebt, sondern auch nur leicht verletzt war. Nach einer Woche habe ich schon wieder getanzt. Lili hatte kein Interesse am Fliegen, ich dagegen war verrückt danach. Ich musste immer solche herausfordernde Sachen machen.

16. Die Zeit nach Edi

Trotz vieler Aktivitäten und meiner anstrengenden Arbeit kam mir Edi immer wieder in den Sinn. Es ist kein Tag vergangen, ohne an ihn gedacht zu haben. Mein Körper war süchtig nach seiner Nähe und seiner Umarmung. Alleine im Bett, ohne ihn kam ich nicht zur Ruhe, um einschlafen zu können. Bis zur körperlichen Erschöpfung habe ich mich getrieben, um mich dann einfach todmüde ins Bett zu schmeißen und einzuschlafen. Ich konnte es mir auch nicht vorstellen, mit einem anderen Mann so wie mit Edi im Bett zu schlafen. Es war nicht nur der Sex, den ich vermisst habe. Es war diese Energie, die nur zwischen uns beiden geflossen ist. Natürlich hatte ich auch sexuelle Bedürfnisse, denn ich war eine geile Frau und meine Triebe haben mich sehr geplagt. Nach einiger Zeit habe ich mich mit einem etwas älteren Mann eingelassen. Er war ungefähr so alt wie Edi und hat eine eigene Firma gehabt. Seine Faszination von mir war so stark, dass er mir nachgereist ist. Überallhin, wo ich gearbeitet habe, kam er mir nach. Der Mann vergötterte mich und es war für mich nicht schwer, eine Zuneigung zu ihm zu entwickeln, auch wenn ich keinen Mann so wie Edi lieben konnte. Bewusst wollte ich ihn in meinem Leben und meinen Gefühlen mit einem anderen Mann ersetzen. Ich verdiente auch einen großen Teil meines Geldes durch die Umsatzbeteiligung an den verkauften Getränken. Er wollte im Cabaret mit mir sitzen und sich unterhalten. Ich konnte mich nicht privat an meinem Arbeitsplatz unterhalten. Und am Anfang gab er viel Geld für Getränke aus. Später wollte ich das nicht, denn ich bin in eine Beziehung mit ihm gegangen und wollte seine Zuneigung nicht ausnutzen. Was ich nicht gewusst habe, war, dass er ansonsten viel Alkohol konsumierte. Dadurch ist seine Firma pleitegegangen. Er war auch kein Mann, mit dem ich mir mein Leben vorstellen konnte. Der Alkohol war das größte Problem. Der ständige Kampf mit einem alkoholisierten Mann gab keinen Raum für ein gemeinsames Leben. In jeder Beziehung war ich offen und habe meine Meinung gesagt. Dann habe ich ein Angebot weit weg von ihm bekommen, wo er nicht einfach hinfahren konnte.

Nach ihm lernte ich einen jungen Mann kennen. Das war der Marineoffizier. Ein sehr gut aussehender Mann, sympathisch in seiner Art. Ich versuchte, mit ihm zusammenzukommen. Bei jeder Begegnung und Beziehung, die ich angefangen habe, bestand der Wunsch in mir, den Mann fürs Leben zu haben. Flüchtige Liebschaften haben mich nie interessiert. Durch ein Gespräch mit ihm hörte ich zwischen den Zeilen, wie er über eine Heirat mit einer Ausländerin dachte. Das hat mich sehr tief verletzt. Außerdem hatte er auch ein Alkoholproblem. Während der Woche arbeitete er und am Wochenende trank er bis zum Umfallen. Ich versuchte, mir mein Leben mit diesem Mann vorzustellen, und verstand, dass er im Vergleich zu mir wenig Geld verdiente. Das Geld in einer Beziehung war für mich nie ein Thema. Ich war immer bereit, mein Geld mit dem Partner zu teilen. Das emotionale Miteinander, gegenseitige Wertschätzung, sich im Leben zu unterstützen, das waren Werte, die ich für das gemeinsame Leben gebraucht und geschätzt habe. Mit diesen alkoholisierten Männern blieb ich als Frau immer auf der Strecke. In diesem Zustand konnten sie nicht mal mit mir Sex haben. Auch in vielen anderen Bereichen blieb ich als Frau unbefriedigt. Was sollte ich mit diesen betrunkenen Männern? In einem Brief fasste ich meine Gedanken zusammen und sendete ihn ab. Von ihm kam nichts mehr, nicht mal eine Antwort. So ging diese Beziehung auch zu Ende.

Ich tanzte weiter durch das ganze Deutschland. Mein nächster Auftrag brachte mich nach Aachen; die Stadt, wo Edi und ich unsere erste Station in Deutschland hatten. Dort habe ich den Chef der Kriminalpolizei kennengelernt. Vom Äußeren her hat er mich nicht so stark angesprochen. Er kam jeden Abend und fing an, mit mir zu flirten. Wie ich sehen konnte, hatte er kein Alkoholproblem. Das machte ein bisschen Hoffnung bei mir, dass es mit diesem Mann besser klappen könnte. Aber alles, was er für Getränke ausgegeben hat, ging auf die Rechnung des Amtes. Nie hat er privat was ausgegeben. Ich kritisierte ihn deswegen und betrachtete dieses Verhalten nicht als korrekt. Aber er machte sich lustig und lachte darüber. Er war kein Alkoholiker, aber dafür ein Lügner und Betrüger. Seine Kenntnisse über kriminelle Machenschaften nutzte er zu seinem Vorteil und keiner konnte ihm was beweisen. Mit der Zeit hatte ich erfahren, dass er verheiratet war, Frau und Kind hatte und ein Familienhaus baute. Es war zu viel für mich und ich kam zur Erkenntnis, dass ich mit keinem deutschen Mann glücklich werden könnte. Edi hatte mich verstanden in allen meinen emotionalen und Lebensbedürfnissen. Er hatte eine Tiefe in sich gehabt und ein ganz anderes Verständnis von einer Frau, einer Beziehung, vom gemeinsamen Leben. Aus diesen Erfahrungen stellte ich fest, dass deutsche Männer sehr häufig oberflächliche Beziehungen zu Frauen suchen.

In mir war immer noch eine starke Anziehungskraft zu Edi und ich hatte immer noch nicht gelernt, ohne ihn zu schlafen. Es wuchs immer größere Sehnsucht in mir nach ihm. Insbesondere nach diesen Erfahrungen, die ich inzwischen mit deutschen Männern gemacht hatte. Ich holte mir seinen Brief in Erinnerung, den ich vor einiger Zeit von ihm bekommen hatte. „Alles im Iran ohne dich ist kalt geworden. Ich habe keine Freude mehr am Leben. Ich vermisse dich sehr und liebe dich immer noch." Nach dem Flugzeugabsturz kam ich ins Krankenhaus. Dort hatte ich die Zeit, über mein Leben nachzudenken. Meine Schwester Lili hat nicht mehr mit mir getanzt, denn sie hatte Gino kennengelernt und die beiden wollten heiraten. Meine Liebe und die Sehnsucht nach Edi überfluteten mich wie eine Flut. Seine Worte spürte ich in meinem Herzen, denn in mir waren die gleichen Empfindungen. Wurde meine Sehnsucht nach Edi durch mein Alleinsein versteckt? Aus dem Krankenhaus schrieb ich ihm über die letzten Ereignisse, was mir alles, seitdem er gegangen war, passiert ist. Durch diesen Briefwechsel kamen wir wieder nach fast vier Jahren in Kontakt. Die Sehnsucht nacheinander war wieder unerträglich geworden. Einmal schrieb ich ihm, wenn das so zwischen uns sei, solle er zurückkommen. Meine Versöhnungshand hat er sofort angenommen. Er rief mich an und wir klärten alle Einzelheiten telefonisch. Er hatte nicht mal das Geld, um ein Flugticket zu kaufen. Schulden hat er auch gehabt. Nach unserer Versöhnung und der Abmachung, dass er nach Deutschland komme, waren vier Monate vergangen. Ich hatte meine Geduld verloren und setzte ihm ein Datum fest: Falls er nicht bis zu meinem Geburtstag käme, brauche er nicht mehr zu kommen. Über 40.000 DM hatte ich ihm in dieser Zeit geschickt und nach vier Jahren wartete ich im Hamburger Flughafen auf ihn.

17. Familienurlaub in Tunesien mit Gino (Lilis neuem Freund) und Begegnung mit Hansy

Bevor Edi kommen sollte, habe ich mit meiner Mutter, Schwester und ihrem Freund Gino Urlaub in Tunesien gemacht. Seit sechs Jahren hatten wir keinen Erholungsurlaub. Unsere Reise nach Amerika war wunderschön gewesen, aber auch anstrengend. Wir sind in einem Hotel direkt am Strand untergekommen, damit wir zu jeder Zeit schnell und bequem baden konnten. Unsere Arbeit war mit ständigen Reisen verbunden und im Urlaub wollte ich nirgends reisen müssen. Das Hotel war neu gebaut und den Bedürfnissen der europäischen Gäste angepasst. Am ersten Abend nach unserer Ankunft im Hotel traf Gino seinen guten Freund Hansy. Auch wenn sie gute Freunde waren, hatten sie nichts von der geplanten Reise zum gleichen Zielort gewusst. Die Überraschung war auf beiden Seiten sehr groß. Hansy kannte schon meine Schwester und Gino machte mich mit dem gut aussehenden Mann bekannt. Ich merkte sofort, dass ich ihn beeindruckt hatte, und auch ich bekam weiche Knie. Er war verheiratet (was ich aber nicht sofort wusste), hat aber alleine Urlaub gemacht, da seine Frau auch irgendwohin alleine vereist war. Es hat so toll alles gepasst. Elio sagte mir später: „Hansy hat sich in dich verliebt. Ich kenne ihn schon so viele Jahre. Er ist kein Typ, der hinter jedem Frauenzimmer herläuft." „Mal sehen, ich warte lieber ab", sagte ich vorsichtig, belehrt durch meine früheren Erfahrungen mit deutschen Männern. Er hat mir auch sehr gut gefallen.

Durch gegenseitige Sympathie kamen wir uns sehr schnell nahe und in sehr kurzer Zeit waren wir keine Fremden mehr. Hansy konnte nur eine Woche bleiben, da er ein Geschäft zu Hause hatte und nicht zu lange wegbleiben konnte. Ich fühlte mich sehr wohl in seiner Gesellschaft und aus meinen drei großen Koffern zog ich für jeden Anlass etwas anderes zum Anziehen. Jedes Detail an mir wurde sehr gekonnt abgestimmt. Alles an mir musste schön, modern und exklusiv aussehen. Natürlich wollte ich ihm auch gefallen. Wir verbrachten diese Woche gemeinsam und an einem Abend kamen wir uns auch physisch näher. Wir beide tranken an dem Abend zu viel und es konnte nicht viel zwischen uns passieren. Er war kein Alkoholiker und konnte, wie ich auch, keine Alkoholmengen gut vertragen. Wir waren ehrlich zueinander. Ich erzählte ihm über Edi und unsere Vereinbarung, dass er bis zum 20.7. nach Deutschland kommen solle. Hansy erzählte mir über seine Eheprobleme und dass er auf der Suche nach so einer Frau wäre, wie ich es sei. Ich sagte ihm, dass ich Edi nun nicht zurückweisen könne, aber wenn Edi nicht bis zum vereinbarten Tag käme, würde ich eine Beziehung mit ihm eingehen. Wir sind fast einen Monat in Tunesien geblieben. Danach kehrten wir zurück nach Deutschland und blieben eine Weile in Augsburg. Dort hatten Lili und ich einen guten italienischen Schneider, der für uns viele Kleider genäht hatte. Er konnte das sehr schnell für uns anfertigen. Diese Pausen hatten wir uns einfach gegönnt, da wir Monate und Jahre nur kreuz und quer gereist waren und gearbeitet hatten. Bis zur nächsten vertraglichen Verpflichtung war noch ein Monat geblieben. Gino bot uns an, die noch verbleibende Zeit in Italien bei seinem Freund in Rimini zu verbringen. Wir nahmen das Angebot an und bekamen ein hübsches Apartment zu einem Freundschaftspreis. Das Schwimmen im Meer hatte für mich schon immer den höchsten Erholungswert gehabt. Überraschend besuchte Hansy uns dort. Gino hatte ihm „verraten", wo wir sind, und er kam uns besuchen. Aus beruflichen Gründen konnte er nicht lange bleiben. Auch wenn er mir sehr gefallen hat und sich Emotionen zwischen uns entwickelt hatten, konnte ich mit ihm nicht ins Bett gehen. Ja, Zärtlichkeiten hatten wir schon ausgetauscht, aber körperlich kamen wir doch nicht richtig zusammen. Wenn ich Edi nicht so geliebt hätte, wäre Hansy ein guter Mann für mich gewesen.

18. Edi kommt zurück

Wenn ich zurückblickte, verstand ich, dass Edi krank war. Seine gespaltene Persönlichkeit lebte er im Wechsel. Ob er je gesund werden könnte, wusste ich nicht. Er hat mich geliebt wie keine andere Frau. Das habe ich gewusst. Und ich hatte ihn auch geliebt. Dieses Ereignis mit seiner Mutter, das er in seiner Kindheit erlebt hatte, prägte ihn scheinbar fürs Leben. Diesen Hass auf die eigene Mutter projizierte er auf alle Frauen. Für ihn waren sie alle Nutten, die er durch seinen wahllosen sexuellen Kontakt nur erniedrigen wollte. Er baute nie eine Beziehung mit den Frauen auf. Sein sexueller Trieb ähnelte einem Tier, das Blut gerochen hatte und sofort seine Beute zerreißen musste. Seine sexuellen Anspielungen machte er auch über die Frauen aus dem Familienkreis. Nur meine Schwester Lili wurde aus diesem Kreis der Frauen ausgenommen. Keine andere Frau außer mir hätte alle diese Abgründe in seinem Wesen verstanden und ertragen. Für ihn gab es auch keine andere Frau, die ihm das Gefühl hätte geben können, geliebt zu werden. Diese Wärme, die wir durch unsere Umarmung empfanden, konnte er mit keiner anderen Frau entwickeln. Das wusste er ebenso. Kein anderer Mann hatte je mein Wesen so verstanden, wie er es tat. Das war einfach so von Anfang an. Er wusste, dass er bei mir alle Sicherheiten, die er für sein Leben brauchte, finden konnte. Auch die materielle Sicherheit. Das Geld an sich hat für ihn keine Bedeutung gehabt. Er selbst hätte mit seinen Fähigkeiten zu Geld kommen können, aber das war ihm nicht wichtig. Es war nicht so, dass er mich finanziell ausgenutzt hat. Wegen des Geldes kam er bestimmt nicht zu mir zurück. Dennoch hat er einfach mit meinem Geld gerechnet. Er schrieb mir, dass er bis zum mit mir vereinbarten Termin kommen wolle, aber nicht alle finanziellen Angelegenheiten zu Hause geregelt bekomme. Ich schickte ihm vor seiner Rückkehr um die 40.000 DM.

Edi war meine größte Liebe und mein größter Schmerz. Wir waren ein perfektes Paar, egal, ob es sich um eine Tanz- oder Lebensbühne handelte. Auf einer Tanzfläche tanzten wir in einem perfekt abgespielten Rhythmus zusammen. In einer Disco zogen wir viele Blicke der Menschen mit unserer Show auf uns. Ohne Edi hatte das Leben für mich keine Farbe, kein Geschmack, keine Sinnlichkeit. Es war mir bewusst, dass er krank war, dass er ein Alkoholiker war, dass sich möglicherweise alles wiederholen würde, aber ich sehnte mich nach der Wärme, die nur er in mir erzeugen konnte. Und lebte in einer ständigen Hoffnung, dass er sich verändern würde. Ich konnte mich selbst nicht verstehen, warum ich diesen Menschen so gebraucht habe. Meine ganze Familie waren gute und gesunde Menschen. Wir lebten in Liebe und Frieden miteinander. Tagsüber hat er auch perfekt zu meiner Familie gepasst; zuvorkommend, aufmerksam, hilfsbereit, liebevoll zu allen. Aber am Abend entwickelte er sich zu seinem Gegenteil. Warum habe ich dann an ihm so geklebt? Welche unbewussten Seiten in mir hatten diese gespaltene Persönlichkeit gebraucht?

Er war meine Sucht. Ich war süchtig nach diesem Mann, nach seiner Liebe, nach seiner Umarmung, nach dem Sex mit ihm, nach all diesen Gefühlen, durch welche er mich zu einer Königin emporheben konnte. Gleichzeitig hasste ich sein Alkoholkonsum und alle Verletzungen, die ich in den höllischen Nächten mit ihm durchlebt hatte. Ich dachte, er weiß, aus welchen Gründen wir uns vor vier Jahren getrennt hatten. Wenn er sich jetzt wieder entschieden hat zu kommen, dann hat er andere Einstellungen gewonnen und sein Leben verändert. Was für eine Illusion!

Alle diese Gedanken strömten durch meinen Kopf, während ich mit Gino und meiner Schwester Lili an meinem Geburtstag am Flughafen auf Edi wartete, um mit ihm ein neues Leben anzufangen.

Endlich öffnete sich die Ausgangstür und ich erblickte Edi im Rahmen. Ich war geschockt. Er hat ganz schlecht ausgesehen; krankhaft gelb im Gesicht, abgemagert, zu schnell in diesen vier Jahren alt geworden, mit einer sichtbaren Zahnlücke. Das alles hatte ich mit einem Blick erfasst und war irgendwie innerlich abgesackt, aber ich ließ dieses Gefühl der Enttäuschung gar nicht hochkommen. Er ging auf mich zu, umarmte mich und alles andere war nicht mehr wichtig. Wir trennten uns, er begrüßte auch meine Schwester und ihren künftigen Mann und dann erst erblickten wir ein junges, hübsches Mädchen hinter Edis Rücken. Mein Hals schnürte sich zusammen, meine Gedanken fingen an, sich zu drehen, und ich vernahm, dass Edi das Mädchen aus dem Iran mitgenommen habe. Er versuchte, diese Situation am Flughafen anders darzustellen. Wir nahmen das Mädchen auch mit nach Hause. Lili schlief mit dem Mädchen im anderen Zimmer, Edi und ich saßen in meinem Zimmer und redeten. Ich wusste, dass er mit dem Mädchen geschlafen hatte, und wartete, bis er das Thema eröffnete. Aber er redete über alles andere, nur nicht darüber. Ich fing an zu überlegen, wie bringe ich ihn um? Wenn ich ihn umbringe, dann komme ich noch ins Gefängnis. Ich wäre selbst zur Polizei gegangen und hätte mich angezeigt. Die ganze Nacht redeten wir; er sitzend auf einem Bett und ich auf dem anderen. Er ahnte, was alles durch meinen Kopf ging, und versuchte erst gar nicht, sich mir körperlich zu nähern.

Währenddessen unterhielt sich meine Schwester mit dem Mädchen im anderen Zimmer. Sie war eine Jungfrau gewesen. Vor ein paar Monaten lernte sie Edi kennen und schlief mit ihm. Wenn so was entdeckt worden wäre und Edi keine Absicht hatte, das Mädchen zu heiraten, wäre er im Gefängnis gelandet. Aus diesem Grund konnte er vorher nicht kommen. Wenn die Familie des Mädchens Anzeige gegen ihn erstattet hätte, die Behörden hätten ihn auch von Deutschland aus in den Iran zurückgeholt. Er musste erst eine Lösung finden und deswegen hatte sich seine Rückkehr verzögert.

Am nächsten Morgen erzählte mir Lili alles. Das Mädchen konnte auch nicht zurück. Es wäre dort ausgestoßen, hätte gar nicht heiraten können und bekäme große Probleme. Das wollten wir nicht. Lili in ihrer Güte sagte: „Das ist jetzt so, wie es ist. Gino hat vier Geschäfte. Ich nehme sie mit und wir werden sie in einem der Geschäfte als Aushilfe einstellen. Wir brauchen immer Arbeitskräfte." Am nächsten Tag nahm sie das Mädchen mit und Edi und ich blieben allein.

Auf der anderen Seite hatte ich Verständnis für diese ganze Lage. Ich wollte ihn auch beschützen und ihm helfen, aus dieser Situation rauszukommen. Lili erfasste die Lage sehr schnell und brachte für alle Beteiligten eine gute Lösung. Auch wenn ich mit ihr darüber nicht gesprochen hatte, wusste sie, wie es zwischen Edi und mir stand. Ohne diesen Dämon konnte ich sowieso nicht leben. Dennoch, in diesen Momenten wollte ich ihn nur noch umbringen, um mich selbst und die Menschheit von diesem Dämon zu befreien. Ich wollte ihn auch verlassen, weggehen, umziehen, nichts mehr von ihm wissen. Nach zwei oder drei Tagen dachte ich über Hansy nach. Solange er noch im gleichen Haus mit seiner Frau wohnte, hatten wir ein Geheimzeichen. Ich rief bei ihm zu Hause an und schwieg. Falls er alleine war, haben wir geredet, falls nicht, legte er auf und rief mich dann später zurück. So machte ich es auch dieses Mal. Auf der anderen Seite der Telefonleitung keine Frage, kein Hallo, kein Ton. War das nun Hansy oder seine Frau? Wusste sie über seine Absichten mit mir Bescheid? War er das? Fühlte er sich zu verletzt und enttäuscht, um mir ein Zeichen zu geben? Ich wollte ihm sagen, dass ich Edi verlassen und mit ihm gehen wolle. Aber auf der anderen Seite herrschte Stille. Hansy hatte es ernst mit mir gemeint. Darüber hatte mir Elio berichtet. Auf dem Rückweg nach Hause und mit dem Mädchen aus dem Iran auf dem Rücksitz seines BMW begegneten sie sich auf der Straße. Hansy fuhr ihnen entgegen und die beiden Männer blieben auf der Straße stehen und begrüßten sich. „Schau mal, Gino", und er zeigte durchs Autofenster eine kleine Schachtel mit einem wunderschönen Diamantring. „Ich fahre zu ihr und möchte ihr einen Heiratsantrag machen." „Weiß sie das?", fragte Gino vorsichtig. „Nein, ich möchte sie überraschen." „Nein, Hansy, bitte, lieber nicht. Edi ist gekommen und er ist jetzt bei ihr. Bitte kehre um."

Es war viel Zeit vergangen, bis ich so weit war, mit ihm wieder normal leben zu können. Meine Gefühle hatten sich vereist und ich konnte nicht mit ihm zusammen schlafen. Die Liebe für ihn war nicht verschwunden, aber ich fühlte mich sehr verletzt und mein inneres Wesen hatte sich verschlossen. Er sprach kaum über die Ursachen meiner Verletzungen und ich sprach das Thema auch nicht mehr an. Er versuchte einmal, mir eine Erklärung zu geben, aber das war nach meinem Empfinden ein sehr oberflächlicher Versuch ohne einen tieferen Sinn und Einsicht gewesen. Er sagte nichts von dem, was ich hatte hören wollen. „Ich bin gekommen, um mit dir für immer in Deutschland zu bleiben. Bitte, vergessen wir die Geschichte mit diesem Mädchen. Das hat für mich keine Bedeutung. Diese Episode mit dem Mädchen ist passiert, ehe du mir den Brief geschickt hast. Ich musste diese ganze Sache mit ihr irgendwie lösen." Für mich war das keine Erklärung. Er hätte es mir vorher sagen müssen und mich nicht vor vollendete Tatsachen stellen sollen. Wenn er mir darüber geschrieben hätte, hätte ich auch die Möglichkeit gehabt, mich anders zu entscheiden. In einem Brief schrieb ich ihm über Hansy und seine Absichten mit mir. Es war ihm klar, dass wenn ich über sein Vergehen im Vorfeld Bescheid gewusst hätte, ich ihm gar nicht angeboten hätte zurückzukommen. Nun erkannte ich, dass er sich nicht verändert hatte. Es fing wieder alles von vorne an. Dennoch liebte ich diesen diabolischen Mann und konnte oder wollte ohne ihn nicht leben. Was hätte ich tun sollen? Ob ich nun schreie oder schweige oder sonst was Irrationales tue, es bringt nichts. Alles ist schon passiert. Die ganze Sache musste ich mit mir alleine lösen und klären. Entweder machte ich mit ihm weiter oder trennte mich von ihm. Von den mörderischen Gedanken bin ich Gott sei Dank weggekommen.

Meine Arbeit trieb mich weiter. Ich schmorte weiter in mir und weigerte mich innerlich, mit ihm tiefer zu kommunizieren. Er kam mit mir in eine andere Stadt, wo ich Auftritt hatte, und fühlte sich nutzlos. „Was denkst du, was ich arbeiten könnte?" „Lili ist jetzt fest mit Gino zusammen und sie wird nicht mehr mit mir auftreten. Wir könnten eine Shownummer zusammen choreografieren." Dazu brauchte er mehrere Kostüme, die wir zusammen genäht haben. Zwei Shows haben wir gemeinsam arrangiert und zwei hatte ich alleine. Es machte ihm keine Freude, auf dieser Art mit mir zu tanzen. Auf der Bühne zu stehen, ja, aber für andere Menschen zu tanzen fand er erniedrigend. Sehr häufig wurde ich nach Wilhelmshaven ins Cabaret von einer meiner Kolleginnen zum Tanzen eingeladen. Mein Auftritt dort mit meiner Schwester kam immer sehr gut an, da wir oben im Norden sehr exotische Mädchen waren. Ich sagte der Besitzerin, dass ich nicht mehr mit meiner Schwester, sondern mit meinem Freund und künftigen Mann tanze. Sie war nicht besonders erfreut, aber gab uns doch den Auftrag. Auch Geld bekamen wir etwas weniger, als ich und meine Schwester verdient hatten. Wir spielten schnell zwei Shows ein und machten die passenden Kostüme dazu fertig. Diese Besitzerin engagierte uns mehrfach. Schon beim nächsten Auftritt knüpfte Edi seine Frauenkontakte. Er wusste genau, wo er schnell ankommen konnte. Die Tochter der Besitzerin, eine junge Mutter mit zwei Kindern, wurde von ihrem Mann verlassen und Edi fand sich berufen, sie zu trösten. Sofort merkte ich, wo das hinführte. Solche Skandale auf der Arbeit konnte ich mir nicht leisten. Ich hatte allein mit meiner Schwester einen guten Ruf aufgebaut, tolle Verträge mit einer guten Gage erarbeitet und konnte nicht zulassen, dass er alles mit seiner kranken Psyche zerstörte. „Nein", sagte ich zu ihm. „So geht das nicht." Nach etwa einem Jahr erfuhr ich durch reinen Zufall, dass dieses Paar, das mich engagiert hatte, das Cabaret aus Altersgründen aufgeben wollte. Ich sagte zu Edi: „Das ist wie eine göttliche Fügung. Gerade in dem Moment, in welchem wir ein Weiterkommen brauchen." Sie wollten für den Abstand 50 TDM haben. Mit dem Preis war ich einverstanden und ich pachtete für uns das Cabaret in Hess/Oldendorf in Niedersachsen.

19. Mein erstes Cabaret bei Hannover

Endlich konnte Edi sein eigener Chef werden, obwohl die Gewerbe nur auf meinen Namen angemeldet waren. Der Laden musste modernisiert werden und ich investierte viel Geld, um alles so zu gestalten, wie ich es gerne hätte. Ich liebe schöne Sachen und mein Cabaret musste erst mal mir gefallen. Für den Zulassungsschein fürs Cabaret hatte ich über 7 TDM bezahlt. Es war sehr viel Geld für die damalige Zeit. Wir konnten oberhalb des Geschäfts eine große Wohnung beziehen. Für Tänzerinnen gab es auch mehrere Zimmer. In der Regel stellte ich acht Mädchen ein und zusätzlich engagierte Künstler für fünf verschieden Shows.

Unsere Beziehung normalisierte sich langsam. Wir kamen wieder zurück in unsere alte Form. Er wollte mir einen Beweis geben, dass er nicht mehr in den Iran zu Marie zurückgehen möchte. Er wollte um jeden Preis mit mir zusammenbleiben. Er wollte, dass wir heiraten. „Gut", sagte ich, „dann schreibe Marie einen Brief." „Was möchtest du, dass ich ihr schreibe?" Ich diktierte ihm einen freundlichen, aber klaren Brief. Ihre Antwort kam sehr schnell zurück. Sie stimmte der Scheidung zu, wollte nur eine kleinere Summe für ihre zwei Kinder haben. Damit war ich einverstanden und schickte das Geld von meinen Ersparnissen. Es stand nun nichts mehr im Wege, dass wir heirateten. Lili und Gino warteten auf die Scheidung von ihm, die bald durch sein sollte, und meine Schwester machte uns den Vorschlag, dass wir zusammen die Verlobung feierten. Wir kauften sogar zu viert die Verlobungsringe. Lili und ich kauften uns für diesen Anlass gleiche Kleider, nur in zwei verschiedenen Farben: Mein Kleid war lila und ihres in Orange. Sie wollten gleich, nachdem Ginos Scheidung durch war, auch heiraten. Ich freute mich über ihren Vorschlag, insbesondere weil wir uns in der letzten Zeit gar nicht viel gesehen hatten. Die zwei waren mit ihren Geschäften in der Nähe von Dortmund beschäftigt und wir mit unserem Cabaret in der Nähe von Hannover. Edi und ich nahmen uns ein paar Tage frei und fuhren mit meiner Mutter zu meiner Schwester und dem künftigen Schwager, um die Verlobung von uns vieren zu feiern.

20. Die Verlobung

Das Mädchen, das Edi aus dem Iran mitgenommen hatte, arbeitete bei meiner Schwester und wohnte oberhalb des Ladens. Gino hatte mehrere Läden mit Wohnungen fürs Personal. Er und Lili hatten eine wunderschöne Wohnung in einem dieser Häuser. Wir hatten eine schöne Feier mit Familie bei ihnen zu Hause, denn wir hatten keine Bekannten, die uns nahestanden. Durch unser unstetes Leben konnten wir nirgendwo ansässig bleiben, um Bekanntschaften und Freundschaften zu schließen. Danach sind wir ins Gästezimmer gegangen im gleichen Haus, wo das Mädchen auch wohnte. Wir drei begegneten uns auf der Straße. Sie wollte sich gerade was zum Essen holen. Edi fragte sie, in welchem

Haus sie wäre. Er bot sich an, das Essen für sie zu kaufen. Da wir auch im gleichen Haus wohnten, ging ich mit dem Mädchen aufs Zimmer. Sie erzählte, wie dankbar sie uns für alles sei, was ich und meine Schwester für sie getan hätten. Sie verdiente nun auch Geld und konnte ihre Familie im Iran finanziell unterstützen. Edi kam mit dem Grill-Hähnchen hinterher. Wir fanden uns alle drei in ihrem Zimmer. Sie aß das gebrachte Essen und wir unterhielten uns. Meinen Magen hatte ich mit irgendwas verstimmt und musste zur Toilette. Die Toilette war auf der anderen Flurseite. Es ging mir nicht besonders gut und ich blieb länger drin, bis es mir wieder besser ging. Als ich fertig war, wollte ich ins Zimmer zu Edi und dem Mädchen. Das Zimmer war aber abgeschlossen. Ich klopfte heftig, keiner machte auf. Aus dem Zimmer konnte ich auch keine Geräusche hören. Da keiner aufmachte, schlug ich mit dem Fuß an die Glasscheibe an der Tür. Von diesem Krach sprang Edi aus dem Bett auf (er hat ausgesehen wie aus dem Schlaf gerissen) und öffnete die Tür. Das Mädchen lag in ihrem Einzelbett. Wutentbrannt griff ich nach einem großen Glassplitter am Boden und schlug auf ihn mit dem Glas, wohin ich nur konnte. Ich war nicht zu stoppen und schnitt ihm über den Körper. Das Mädchen lief barfuß aus dem Haus. Die Schwester von Gino und ihr Mann hörten das Geschrei und rannten ins Zimmer. Sie hielten mich, bis ich mich beruhigt hatte, und riefen schnell der Notdienst. Edi war blutig auf dem ganzen Körper und man konnte nicht so richtig sehen, wo er überall verletzt worden war. Das Zimmer war nicht groß und er hatte mir nicht entwischen können. Der Krankenwagen war schnell da und die Notärzte nahmen ihn mit ins Krankenhaus. Ich kann mich nicht mehr erinnern, wie ich jene Nacht verbracht habe. Am nächsten Morgen wusste ich nicht, ob er lebte und in welchen Zustand er sich befand. Waren seine Gedärme zerschnitten oder nicht? Dennoch, meine Wut, die Enttäuschung und Erniedrigung, dass ich diese Hölle mit ihm mitmachte, hielten immer noch an. Ich war innerlich total durcheinander. Erst am Nachmittag sammelte ich mich und ging zu ihm ins Krankenhaus. Sprechen mit ihm konnte ich jedoch nicht. Schweigend saß ich neben seinem Bett. Er sprach zu mir in einem ruhigen Ton: „Mache dir keine Sorgen. Das wird schon wieder geheilt." Er wusste, dass er an dem, was geschehen war, die Schuld hatte. Es war gar keine Rede davon, dass er mich anzeigen würde. Nicht mal eine Anschuldigung kam von ihm gegen mich. Es war ihm bewusst, dass meine Reaktion berechtigt war. „Ich habe zu viel getrunken und hatte mich zu ihr hingelegt und war eingeschlafen." Während ich bei Edi war, kam eine Krankenschwester und sagte: „Jemand ist am Telefon für Edi." Ich ging ran und hörte die Stimme des Mädchens. Dann war ich nicht zu bremsen. Ich beschimpfte sie und drohte ihr, dass ich sie bei der Polizei anzeigen werde. Sie ging danach schnell ins Haus, holte ihre Sachen und verschwand. Wie ich später gehört habe, zog sie nach München um. Nach einiger Zeit bekam ich von ihr einen Brief, in dem sie sich für alles entschuldigte und um Verzeihung bat. Außerdem hatte sie keine Arbeit und kein Geld und bat mich um Hilfe, denn sie hatte nicht mal das Geld, um in den Iran zurückzukehren. Sie wusste von Edi, dass ich ein weiches Herz habe und Hilferufe nicht abschlagen kann.

Das Geschäft musste ich an dem Abend aufmachen und ich nahm ihn mit nach Hause und er konnte im Krankenhaus zu Hause weiter gepflegt werden. Er weinte und versprach mir, dass er weniger trinken werde, dass er mich liebe und gar nicht wisse, warum er mit anderen Frauen im Bett lande. Und so verzieh ich wieder und liebte ihn weiter in der Hoffnung, dass er eines Tages tatsächlich das tun würde, was er versprach. Woher hatte ich das Verständnis für diesen dämonischen Mann? Wieso habe ich 25 Jahren gebraucht, um ihn zu verlassen? Ich wollte mit aller Gewalt diesen kranken Mann auf den rechten Weg bringen und ihn von seinen Süchten befreien. Ebenso wollte ich mit aller Gewalt mit ihm zusammenleben. Er hatte mehrfach versucht, vom Alkohol wegzukommen. Es gab Zeiten, in denen er über sechs Monate keinen Alkohol zu sich nahm. Sein Bemühen war echt, dennoch vergebens. Insbesondere nach einer so exzessiven Situation. Morgens fühlte er sich wie der kleine Wurm und fragte sich selbst unter Tränen, wieso er so tief abrutschen konnte. Keinem von meiner Familie konnte ich über mein höllisches Leben mit diesem schizophrenen, süchtigen Dämon erzählen. Alles schluckte ich hinunter und nach außen hin lächelte ich. Nach vielen Jahren fragte er mich in einem Telefonat: „Wieso habe ich das alles getan und alles zerstört? Hätte ich mich nicht ändern können?" „Doch, kannst du. Aber dafür brauchst du Tausende von Jahren."

Das Leben ging weiter. Ich stand von morgens bis abends im Geschäft, kümmerte mich um alle Einkäufe, die Buchführung, das Personal und um alles, was sonst auf mich zukam. Ich kämpfte von Tag zu Tag wie eine Löwin mit Besuchern, betrunkenen Männern, gegen Vorurteile der Einheimischen, denn das Cabaret befand sich in einer doch ländlichen Gegend. Was will eine Ausländerin unter uns? Viele kamen in den Laden, nur um Unruhe zu stiften und Unordnung zu machen. Das Lokal war sehr groß und Edi und ich teilten uns die Bereiche, denn man musste auf alles aufpassen. Ich war im vorderen Teil und Edi bediente im hinteren Teil. Trotz aller widrigen Umstände und Schwierigkeiten war ich top im Geschäft und meisterte alles. Im Verkauf war ich unschlagbar und habe viel Umsatz gemacht. Zusätzlich wurde ich für die Messe in Hannover engagiert. Manchmal hatte ich einige Aufträge parallel. Meine Ansprüche an mich selbst waren sehr hoch und dementsprechend waren meine Geschäftsziele. Ich brauchte kein Lob von jemandem, denn ich musste selbst mit meinen Ergebnissen zufrieden sein. Das Verkaufen hatte ich nie gelernt, weder im Iran noch in Deutschland. Aber ich war eine gute Beobachterin und schaute immer, was jemand brauchte und wie jemand reagierte. Durch diese Gabe konnte ich viele Menschen für mich gewinnen, um mir eine Gefälligkeit zu erweisen oder ein Problem zu lösen, ob das ein Steuerberater, Bürgermeister, Polizeibeamter oder sonst jemand war. Ich wusste ganz genau, wie ich ihn bedienen und ansprechen konnte. Ich oder eines meiner Mädchen. Alle meine Mädchen hatte ich im Verkauf geschult, auch wenn ich selbst nie eine Schulung darüber erfahren hatte. Eine Affinität zu Nachtlokalen hatte ich schon gehabt. Ich beherrschte dieses Milieu perfekt und wusste, wie man darin Geld verdiente. Obwohl diese Tätigkeit mit vielen Gefahren und kriminellen Machenschaften verbunden sein kann. Auch wenn ich eine zierliche Figur habe, besaß ich ungeheure Kraft und hatte keine Angst. Es gab viele Unannehmlichkeiten mit den männlichen Besuchern aus der Umgebung oder mit den Soldaten aus der benachbarten Militärbasis. Wir hatten keine Bodyguards. Edi war auch nur ein schmaler, mittelgroßer Mann. Im Lokal hatten wir in der Ecke nur ein paar Totschläger. Einmal kamen vier große, jüngere Männer aus der Gegend mit keinen guten Absichten. Mit einem Blick erfasste ich alle und ich selbst habe sie bedient. Sie gaben mir ihre Bestellung und ich brachte die Getränke. „Heute sind wir Ihre Gäste und zahlen nichts", sagte einer der Männer. „Wenn ihr nicht zahlen wollt, dann gibt es keine Getränke", sagte ich voller Ruhe. „Scheißausländerin!", beschimpfte mich einer von ihnen. Ich gab die gesammelten Getränke dem Mädchen neben mir, zog ihm seine Brille runter und gab ihm zwei Klatschen rechts und links ins Gesicht. Er stand auf und schaute zu mir herunter, als wäre ich im Erdgeschoss und er auf dem zweiten Stockwerk. Edi nahm einen Schläger und bereitete sich darauf vor, aus dem hinteren Teil nach vorne zu kommen, um mich zu verteidigen, obwohl wir beide gegen diese Männer keine Chance gehabt hätten. „Du hast mich geschlagen!? Dann komme ich nie wieder in den Scheißladen." Und mit gesenktem Haupt dackelte er aus dem Lokal und seine Kumpane liefen ihm hinterher.

Der Bürgermeister vom Ort hatte mit seinen Freunden und Geschäftsleuten einen Stammtisch in meinem Cabaret. Häufig kamen sie spät am Abend, wenn sie schon woanders ziemlich viel getrunken hatten. An einem Abend kam der Stadtdirektor mit. Ich hatte das erste Gedeck (Schnaps und Bier) ausgegeben. Er hat nicht mal den Schnaps bis zu Ende getrunken, kotzte auf den Tisch, so betrunken kam er. Ich habe kein Theater gemacht, machte alles sauber und seine Männer trugen ihn nach Hause. Eine Woche später kam er wieder rein. Ich brachte das Gedeck und wollte 10,50 DM kassieren. Da sagte er mir: „Das bezahle ich nicht." „Wenn Sie nicht bezahlen wollen, dann brauchen Sie auch nichts zum Trinken." Ich nahm die gebrachten Getränke wieder mit und ging. Er stand auf und kotzte mir schon wieder den Tisch voll und verschmutzte auch seinen Anzug. Daraufhin sagte ich ihm: „Ab heute haben Sie auch Hausverbot."

Im Schaufenster hatte ich jeden Monat ein neues Programm mit Postern von neuen Tänzerinnen. Am nächsten Tag bekam ich einen Brief von dem Stadtdirektor, dass diese Schaufenster auch für Kinder einsehbar seien und er erlaube mir nicht, so ein Schaufenster zu haben. Er verhängte noch dazu eine Strafe von 150 DM. Ich schrieb ihm einen Brief zurück: „Für meine Erlaubnis, ein Cabaret zu eröffnen mit allen Inhalten und Schaufenstergestaltung, habe ich 7.200,00 DM an den deutschen Staat bezahlt. Diese Strafe ist unbegründet und Sie sind nicht mal berechtigt, Sie zu verhängen." Nach diesem Brief kam nichts mehr. Einmal kam er anständig an die Tür und ich machte ihm doch auf. Er entschuldigte sich bei mir und sagte, dass ihm erzählt worden sei, was er in betrunkenem Zustand hier bei mir angerichtet hätte. Als Wiedergutmachung kam er mit einer Einladung, im lokalen Karneval als Karnevalskönigin aufzutreten. „Ich werde darüber nachdenken." Er gab nicht auf und wollte mit mir ein Date ausmachen, obwohl ich ihm vorher meinen Mann vorgestellt hatte. „Wir müssen uns nicht hier treffen. Ich lade Sie in eine andere Stadt ein." Ich antwortete ihm humorvoll: „Wenn ich mit dir ausgehe, dann nur in Ohlendorf in der Hauptstraße." Ich wusste, dass er das nicht tun würde, da er Frau und Kinder hatte. Wenn ich ihm doch sagte, dass ich einen Mann habe, wieso denkt er, dass er mich ins Bett kriegen kann? Unverschämt! „Ich trinke keinen Alkohol. Ich habe kein Interesse, an Ihrem Karneval teilzunehmen, auch nicht als Königin. Nun bitte verlassen Sie mein Geschäft." Ein primitiver Bauer! Was dachte er sich, wer ich sei? Eine blöde Unwissende? Das war ich bestimmt nicht.

21. Mein Engel ist geboren

Meine Tochter kam im Jahr 1975 bei Hannover zur Welt. „Ein Prachtkind!", haben alle in der Klinik gesagt. 4,5 Kilo schwer, 62 Zentimeter lang. Ich hatte richtig auf gesunde Ernährung aufgepasst. Sie war das größte und prächtigste Kind in der Klinik und ich die kleinste Mutter. Ich war damals etwa 35 Jahre alt. Mit größter Freude hatte ich alles vorbereitet. Von der besten, selbst gestrickten Kleidung bis hin zu komplett desinfizierten Kinderräumen und Kindersachen. Natürlich haben Edi und meine Mutter auch mitgeholfen. Sie kam mit Kaiserschnitt auf die Welt, weil sie so groß war. Ich lag 40 Tage mit hohem Fieber in der Klinik. Edi kam täglich stark alkoholisiert zu Besuch, aber er musste jeden Abend in unserem Cabaret ohne mich arbeiten. Unsere Wohnung war oberhalb des Ladens und Edi hatte ein Mikrofon von ihrem Zimmer bis zum Cabaret zu unseren Plätzen montiert. Sobald die Kleine irgendwelche Geräusche von sich gab, rannten wir alle beide nach oben, um zu sehen, was sie hatte. Nach einem Jahr überlegte ich, das Cabaret aufzugeben. Ich wollte nicht, dass meine Tochter mit diesen primitiven Bauernköpfen aufwuchs. Die Gelegenheit dazu bot sich durch die Brauerei. Im Cabaret verkaufte ich viele Champagnerflaschen und weniger Bier, als die Brauerei sich vorgestellt hatte. Das war nicht zu ändern. Ich konnte den Bierumsatz nicht erhöhen. Es lief so noch eine Weile und dann setzte die Brauerei mir eine Frist, bis wann ich den Laden leer an sie zurückgeben sollte. Ich überlegte nicht viel, bestellte eine Spedition, brachte alle Einrichtung unter, die ich gekauft hatte und die mir gehörte, und stand an dem festgesetzten Tag mit meiner Handtasche vor dem leeren Laden und wartete auf die Brauereileute. Sie waren geschockt. „Wo sind denn die Sachen?" „Sie verlangten von mir, dass ich Ihnen den Laden leer zurückgebe. Bitte schön." Ich drehte mich um und ging. Mit der Fristsetzung wollten sie mich eigentlich unter Druck setzen und mich damit zwingen, mehr Bier zu verkaufen. Das hätte zur Folge gehabt, dass ich ein ganz anderes Publikum im Cabaret zulassen musste, was mir nicht gepasst hätte. Die niederländischen Soldaten aus den nahe liegenden Kasernen, die noch dazu viel mit Drogen zu tun hatten, wären das Bierpublikum. Wie auch solche Typen, die mit Motorrädern und schwarzen Lederjacken gelegentlich bei mir zu Gast waren. Mit beiden Gruppen hatte ich nur Schwierigkeiten und viele von ihnen ließ ich gar nicht ins Haus reinkommen. Die Brauereileute konnten sich nicht vorstellen, dass man in so einer kurzen Zeit das Cabaret leer räumen konnte.

22. Umzug nach Freiburg wegen meiner einjährigen Tochter

Nun stand ich mit meiner Familie und den Sachen in der Spedition im luftleeren Raum und wusste noch nicht genau, in welche Himmelsrichtung wir uns begeben sollten. Ich hatte im Cabaret eine Tänzerin, die aus Freiburg im Breisgau kam. Sie schwärmte immer von ihrer Heimat. Da ich immer sehr neugierig auf neue Plätze in Deutschland war, fragte ich sie, was denn so besonders an Freiburg und dem Schwarzwald sei. Sie erzählte mir, dass durch den Wald die Luft dort sehr rein wäre und dass Freiburg eine der schönsten und sonnigsten Städte in Deutschland sei. Nun, dachte ich mir, dann fahren wir nach Freiburg im Breisgau. Ich regelte alles mit ihr und sie vermietete mir ihre Wohnung, da sie als Tänzerin monatelang unterwegs war und ihre Wohnung leer stand. Die Stadt begeisterte mich und meine Familie (mein Mann, unsere kleine Tochter und meine Mutter) und ich beschloss, eine Wohnung in dieser Stadt zu kaufen. Geld dafür hatte ich mir gespart, auch wenn Edi viel Geld verschleudert hatte und ich einige außerordentliche Gewinne aus dem Geschäft vor ihm wegstecken musste. Edi hatte leider sehr häufig Großzügigkeitsanfälle. In anderen Gaststätten hat er für alle Gäste Getränke ausgegeben oder er trank die ganze Nacht mit einem Mann, den er in der Gaststätte kennenlernte, oder mit einer Frau, mit der er dann zum Schluss noch ins Bett ging. Es floss Alkohol in Unmengen und es ging alles auf seine Rechnung. Auf der einen Seite kämpfte ich mit allem, mit betrunkenen Gästen, Behörden, dem Finanzamt, um das Geld zu verdienen und zusammenzuhalten, und auf der anderen Seite verlor er mein Geld durch seine verschwenderischen, irrationalen Bedürfnisse.

Das war eine tolle Vierzimmerwohnung in einem guten Stadtteil von Freiburg, in der wir die Möglichkeit hatten, einen neuen Lebensabschnitt zu beginnen. Meine Schwester hatte mir noch einen Teil des Geldes geliehen und den Rest nahm ich bei der Bank auf. Lili und Gino wollten auch ihr Leben verändern. Sie konnten endlich heiraten und Gino wollte seinen Traum von einem italienischen Eis-Café verwirklichen. Freiburg liegt im Süden und hatte mehr sonnige Tage als Hannover und die Umgebung, wo wir bislang gearbeitet und gewohnt hatten. Sie hatten auch alles im Norden aufgelöst und kamen zu uns, nachdem ich die Wohnung gekauft hatte. Wir lebten alle zusammen in der Wohnung, fast ein Jahr. In der Zeit hat Gino alles im Norden mit den alten Geschäften geregelt und hatte nun in Freiburg kein Wunschgeschäft, aber eine gut gehende Pizzeria aufgemacht. Oberhalb des Ladens in der Fußgängerzone hatten sie eine schöne Wohnung bezogen. Edi war kein Geschäftsmann und deswegen war er immer auf meinen Schwager eifersüchtig gewesen. Gino hatte ein gutes Händchen in Geschäften. Edi konnte nicht ertragen, dass jemand besser als er war. Und ich? Ich musste wieder von vorne anfangen und kehrte zurück zum Tanz. Meine Mutter und Edi kümmerten sich um unsere Tochter und ich reiste durch Deutschland, um wieder das Geld fürs Leben zu verdienen. Nach einem Jahr konnte ich das Bankdarlehen für die Wohnung zurückzahlen. Edi hat keine Idee gehabt, was er arbeiten könnte, um Geld zu verdienen. Das hat er völlig mir überlassen. Manchmal brachte er Geschäftsideen, die ich von vornherein als eine Katastrophe gesehen habe, ich konnte ihm dafür keine Zustimmung geben. Ich hatte auch nicht mehr die Erwartung, dass er selbstständig etwas arbeitete, weil er weder mit den Gästen noch mit den Finanzen und Geld umgehen konnte. Ein eigenes Geschäft zu haben, bedeutete für ihn, die Gelegenheit zu haben, wieder den Chef zu spielen. Dafür war ich nicht bereit, mein schwer verdientes Geld lockerzumachen. Ich war froh, wenn er sich in seinem Hausstudio beschäftigte, seine Gedichte schrieb und mir keine Hindernisse in den Weg legte. Er war der Vater meiner Tochter, er kümmerte sich um sie und mehr habe ich von ihm nicht verlangt. Meine Mutter bekochte sie und machte den Haushalt. Dadurch hatte ich den Rücken frei, um diese unstete Tätigkeit als Tänzerin ausüben zu können. Ich hätte auch was anderes gemacht, aber mit keiner anderen Arbeit hätte ich so viel Geld verdienen können.

Als die Summe auf unserem Sparkonto höher wurde, fing er immer wieder mit dem Thema an, sein eigener Chef sein zu wollen durch die Eröffnung eines Geschäfts. Damit meinte er ein Geschäft in der Gastronomie. Ich persönlich wollte gar kein neues Geschäft. Mehr Geld verdiente ich auf meine Art und Weise. Und immer wieder hatte ich zugelassen, dass das Geld wegen seiner Beschäftigungstherapie in die Luft geblasen wurde. Ein gastronomisches Lokal aufzumachen, kostete in der Anschaffung und Einrichtung viel Geld.

Das Leben in Freiburg mochte ich sehr und ich war glücklich, dass wir unsere eigene Wohnung hatten. Unsere Tochter konnte ungestört in einer schönen Stadt groß werden. Sie ging dort in den Kindergarten und war ein sehr süßes, kluges Kind. Ich versuchte, meine Aufträge so zu gestalten, dass ich nicht mehr wie früher weit weg reisen musste. Ich wollte mehr Zeit zu Hause für meine Tochter (meinen Engel) haben.

Einmal nahm ich teil an der Geburtstagsfeier von einer Kollegin und wollte nicht mit meinem Auto hinfahren. Ich wusste, dass ich auch etwas trinken würde, und wollte auf keinen Fall das Risiko eingehen, am Steuer in alkoholisiertem Zustand erwischt zu werden. Die Freiburger Polizei war ziemlich streng. Ich trank nie viel und vertrug keinen Alkohol, wollte aber auf der sicheren Seite sein. Mein Führerschein und das Autofahren bedeuteten für mich, eine Arbeit zu haben. Edi hatte sowieso am Abend nichts zu tun und hat sich sofort bereit erklärt, mich abzuholen. Er hatte mir fest versprochen, dass er nüchtern bleiben werde.

Es war vier Uhr morgens. Draußen war es feucht und vernebelt. Ich rief ihn an, wann ich nach Hause gehen wollte, und er kam mit unserem Auto, um mich abzuholen. Sobald er mir die Tür aufmachte, roch ich die Alkoholfahne. Ich rümpfte meine Nase und sagte verärgert: „Könntest du dich nicht ein Mal an unsere Abmachung halten?" In meiner Stimme war nicht nur der Ärger zu spüren. Es war die Grenze meiner Duldsamkeit zu spüren und ich hatte kein Verständnis und keine Entschuldigung mehr für seinen Alkoholkonsum.

Trotz des Nebels und des Alkohols fuhr er ziemlich zügig auf die Autobahn nach Hause. Da ich selbst am Steuer schnell war, hat mich das nicht gestört. Plötzlich tauchte aus dem Nebel ein Auto vor uns auf. Er sagte noch: „Was für ein Idiot, der so auf der Überholspur schleicht." Und er betätigte das Gaspedal, um das Auto mit Schwung auf der rechten Seite zu überholen. Erst im Vorbeifahren sah ich, dass wir ein Polizeiauto überholt hatten.

Dies blieb natürlich nicht ohne weitere Komplikationen. Die Polizei gab uns ein rasches Zeichen, dass wir ihnen folgen sollten. Es blieb uns keine weitere Möglichkeit. Im Nu kam mir der Blitzgedanke, auf der anderen Seite vom Parkplatz schnell die Plätze zu wechseln. Es war Winter und wir beide trugen fast identische Pelzmützen. Mir kam der Gedanke, dass die Polizei nicht hatte klar sehen können, wer eigentlich am Steuer saß. Da wir wegen des Platzwechsels etwa 150 Meter vom Polizeiauto entfernt waren, kamen sie mit Maschinengewehren auf uns zu. Wir schauten verduzt, was ging jetzt hier ab. Wir hatten keine Ahnung von den gesuchten Terroristen und weswegen sie gesucht wurden. Sie sagten mit Befehlsstimme: „Kommt raus!" Ich hatte ein wunderschönes Strickkleid an. Diese Situation, die so gefährlich war, bewirkte bei mir eine unerwartete Verhaltensweise; im Rhythmus des Bauchtanzes und mit schwingenden Händen stieg ich aus dem Auto.

Mit großen Lampen untersuchten sie unser Auto und das Einzige, was ich im Auto hatte, war meine Kosmetiktasche. Sie befahlen mir, die Tasche rauszunehmen und vor dem Autoscheinwerfer zu öffnen. Sie dachten möglicherweise, dass ich da drin eine Bombe oder Ähnliches hätte. Es waren nur meine Kosmetiksachen drin.

Sie verlangten nach dem Autoschlüssel, weil sie gemerkt hatten, dass Edi getrunken hatte. Falls wir den Schlüssel abgegeben hätten, hätten sie das Auto an der Autobahn stehen lassen. Das wollte Edi auf jeden Fall verhindern. Wir hatten uns erst kürzlich ein Audi 100 gekauft und das kam für mich auch nicht infrage. Mein Mann, der auf der anderen Seite vom Auto stand, sagte mir auf Persisch: „Werfe mir den Schlüssel zu!" Ich warf den Schlüssel meinem Mann zu. Wir beiden lachten dabei, da die ganze Situation für uns sehr amüsant aussah. Die beiden Polizeibeamten gingen auf meinen Mann zu, um ihm den Schlüssel wegzunehmen. Er warf der Schlüssel wieder zu mir zurück. Mit dem Schlüssel in der Hand lief ich in Richtung Autobahn. Da ich fast die ganze Nacht gefeiert hatte, war ich lustig und ziemlich verspielt. Die Polizeibeamten fanden das gar nicht gut. Es kam in mir etwas hoch, was mich zu solchem Verhalten veranlasst hat. Ich bin eine sehr stolze Frau und erwarte insbesondere von den deutschen Behörden, mit Respekt behandelt zu werden.

Die Straßenstreife hatte keine Routinekontrolle gemacht. Sie suchten nach den Terroristen, die den Politiker H. M. Schleyer entführt hatten. Die Polizisten hatten uns wie Terroristen behandelt, hatten auf uns Maschinenpistolen gerichtet und wir hatten eigentlich gar nichts gemacht. Auf jeden Fall habe ich dann doch mein Auto selbst zur Polizeistation in Begleitung gefahren. Es war vier Uhr morgens und den Rest der Nacht verbrachten wir in der Polizeiwache.

Am Morgen habe ich bei dem zuständigen Polizeichef einen großen Aufstand gemacht und sie ließen uns nach Hause und wir erwarteten keine weiteren Probleme. Aber die Streifenpolizisten haben doch in der ganzen Sache nicht lockergelassen und schrieben einen Bericht darüber und sendeten ihn an die Ausländerpolizei. Kurz darauf mussten wir zu dieser Behörde, um Edis Aufenthalt zu verlängern. Außerdem wollte er auch eine selbstständige Tätigkeit ausüben. Aufgrund von jenem Bericht wurden ihm weder eine

Aufenthaltsgenehmigung noch die Arbeitserlaubnis gewährt. Sie wollten unbedingt meinen Mann wegen Alkohol am Steuer bestrafen, auch wenn sie nicht beweisen konnten, dass mein Mann am Steuer gewesen war. Sie ahnten, dass wir die Plätze getauscht hatten. Gegen diesen Bescheid haben wir eine Gerichtsklage über unseren Anwalt eingereicht. Im ersten Verfahren haben wir verloren. Ich gab nicht auf und der Anwalt legte Einspruch gegen das richterliche Urteil ein. In der zweiten Instanz, vor einem blinden Richter, gewannen wir den Prozess. Ich war mir sehr sicher, dass die Polizisten nur aufgrund von Vermutungen gegen uns geklagt hatten. Wenn wir 150 km/h gefahren sind, dann mussten sie mind. 180 km/h gefahren sein, da sie uns überholt hatten. Und wie konnten sie bei Nebel und solcher Geschwindigkeit und bei unseren ähnlichen Pelzmützen erkennen, wer am Steuer gewesen war? Genau so hatte ich dem Richter alles geschildert und er traf sein Urteil zu unseren Gunsten.

23. Mein Tanzcafé in Saarbrücken

Edi bekam eine Aufenthaltsgenehmigung in Baden-Württemberg, aber keine Genehmigung für eine selbstständige Tätigkeit. Im Klartext bedeutete das, dass nur ich auf meinen Namen ein Geschäft aufmachen konnte. Mit meinen Tanz-Engagements verdiente ich monatlich viel Geld und legte immer was bei der Bank an. Edi wurde immer unruhiger, da er sich untätig fühlte, und fing an, mich immer häufiger zu bedrängen, nach einem Geschäft zu suchen. Irgendwie hat er mir leidgetan und nach einiger Zeit gab ich nach. Sehr häufig arbeitete ich in Saarbrücken im Saarland. Die Stadt hat mir auch ganz gut gefallen und ich sagte ihm:

„Hier hast du das Geld. Gehe nach Saarbrücken und finde ein Lokal. Wenn du was Gutes gefunden hast, rufe mich an, und wenn das uns beiden gefällt, nehme ich das Geschäft auf mich." Ich wollte auch aufhören zu reisen, um mehr Zeit bei meinem siebenjährigen Engel zu verbringen. Nach zwei, drei Wochen rief er mich begeistert an: „Du musst kommen, es ist gerade ein Tanzcafé zu pachten. Es befindet sich direkt am SaarCenter und hat einen wunderschönen Ausblick." Das Lokal hat mir auch sehr gut gefallen. Ich kannte schon die saarländische Mentalität und mochte diesen Menschenschlag. Wir beide liebten schöne und ästhetische Sachen und hatten einen ähnlichen Geschmack. Er wusste, dass der Laden mir auch gefallen würde. Ich kam nach Saarbrücken und ging zur Stadtverwaltung, um mich über alle nötigen Genehmigungen zu informieren. Nachdem ich alle nötigen Dokumente gesammelt hatte, konnte ich das Geschäft auf mich zulassen. Ich investierte noch viel Geld in die Einrichtung und machte daraus ein sehr elegantes Tanzcafé. Die monatliche Miete und alle anderen laufenden Kosten waren auch entsprechend hoch. Dennoch konnte ich in diesem Lokal sehr gute Umsätze erwirtschaften. Die Lage war eins a, die beste Lokalität von Saarbrücken. Edi und ich hatten nie in einem Café gearbeitet. Aber wir beide waren einfach Naturtalente im Umsetzen dessen, was wir uns vorgenommen hatten. Er war in der Arbeit langsamer als ich. Die Iraner haben keine hektische Art in sich und Edi hatte auch so eine ruhige und bedachte Arbeitsweise. Durch die Begegnung damals mit Helga in Düsseldorf verstand ich, dass Deutsche sehr schnell und strukturiert arbeiten. Seit der Zeit wollte ich genauso wie sie sein. Mein Geschäft habe ich nach allen gesetzlichen Vorgaben geführt. Ich wollte korrekt sein und mit gutem Gewissen schlafen können. Die Deutschen waren sehr korrekt und ich wollte kein ausländisches Mauscheln in meinem Geschäft walten lassen. Edi hat meine Korrektheit anders gesehen, denn viele Kosten für die Krankenkasse oder das Finanzamt hielt er für unnötig. Aber ich ließ mich nicht von ihm beeinflussen, denn ich hatte mich schon längst entschlossen, für immer in diesem Land zu bleiben, und habe es als meine eigene Heimat angesehen. Für meine Gäste habe ich alles vom Feinsten angeboten. Für die guten Kaffeebohnen, Tee, Champagner war ich über 50 km gereist, weil ich keine Kompromisse in der Qualität machen wollte. Wir entfalteten unsere Kreativität in der Gestaltung von unserem Angebot: Cocktailkarte, Kaffeekarte, Champagnerkarte. Unsere Öffnungszeiten waren die längsten auf der Saarpromenade: von 10 Uhr morgens bis 4 Uhr am nächsten Morgen. Auch wenn wir Ausländer waren, wollte ich keine Ausländer in meinem Tanzlokal. Auch Edi verbot ich, vor den Kunden mit mir Persisch zu sprechen. Nicht dass ich ausländerfeindlich war, aber viele Ausländer redeten laut und manchmal hörte sich das wie Geschrei an. Diese Art hätte Deutsche abgeschreckt, was für das Niveau des Lokals nicht gut gewesen wäre. Es lief eine Weile alles sehr gut. Die einzige Störung war Edi. In regelmäßigen Abständen hatte er seine Blackouts, die ihn trieben, seiner Schattenseite Raum zu geben. „Was auch immer du machen musst, nicht mit unserem Personal und nicht hier. Mach deinen Scheiß, und wenn du fertig bist, komm wieder zurück." Das hatte er verstanden und ist immer irgendwohin gefahren. Solche „Ausflüge" haben sehr viel Geld gekostet; Tausende von DM hat er in so einer Nacht ausgegeben, nur um sein Ego zu befriedigen. Mit der Vernunft hatte dieses Verhalten nichts mehr zu tun. Am Ende landete er dann auch noch im Bett mit einer wildfremden Frau. Auch wenn ich davon nichts wissen wollte, wusste ich doch alles und konnte das nicht ändern.

Ich wollte gehobenes Publikum in meinem Tanzcafé haben und überlegte, wie könnte ich es hereinbekommen. Zur Neueröffnung ging ich ins Theater, stellte mich beim Chef vor und lud ihn und seine Künstler ins Lokal. Das erste Mal habe ich an alle Getränke ausgegeben und viele von ihnen wurden meine Stammgäste. Ebenso einige Beamte der Ausländerpolizei, sie hatten sogar ihren Stammtisch bei uns. Mit allen diskutierte Edi und provozierte sie bis zum Exzess. Zum Schluss nannte er seine Mitdiskutierenden „Furze!" Den Künstlern wollte er zeigen, dass sie im Vergleich mit ihm eine Null wären, und die Beamten hätte er gerne besoffen und kriechend unter dem Tisch gesehen. Einmal ertappte ich ihn, wie er einem hohen Beamten ein Glas nach dem anderen einschenkte, sodass der Mann sich gar nicht mehr wohlgefühlt hatte. Er hatte so viel getrunken, dass er sich nicht mehr auf dem Barhocker halten konnte, und fiel auf den Boden runter. Ich half Edi, ihn zu einem Stuhl zu bringen, darauf konnte er sich auch nicht halten. Die ganze Situation war mir höchst unangenehm, denn ich habe diese Menschen gebraucht. Es war mir peinlich, diesen Mann so bloßzustellen, wie Edi es tat. Ich rief schnell ein Taxi und wollte ihn nach Hause schicken, wusste aber nicht, wo er wohnte. Gott sei Dank, der Taxifahrer war ein Ausländer, der auch bei ihm wegen der Aufenthaltstitel erscheinen musste, er kannte ihn und wusste sogar, wo er wohnte. Am nächsten Tag rief der Beamte mich an: „Fast hast du mich vergiftet. Hast du auch ein Mäusegift in mein Glas gemischt?" „Um Gottes willen, Rudi, was erzählst du da? Edi hatte dir immer wieder eingeschenkt und du hast einfach nicht Nein gesagt." Alles, was Edi tat, wurde ein Problem. Er hatte so einen Drang in sich, jede Situation bis zum Äußersten zu treiben. Auch wenn er todbesoffen und ohne Führerschein mit unserem teuren Auto wegfuhr und von der Polizei erwischt wurde, musste ich immer für seine Eskapaden löhnen. Durch seine schroffe und überhebliche Art in betrunkenem Zustand hat er viele gute Gäste verscheucht. Ich war Tag und Nacht ins Geschäft verwickelt. Wenn ich nicht im Café stand, habe ich Papiere geschrieben, Rechnungen für den Steuerberater vorbereitet, Einkäufe erledigt. Das, was ich mit viel Mühe und Einsatz mit den Gästen aufgebaut hatte, hat Edi abends durch seine Art, sich zur Schau zu stellen, zerstört. Nach drei Jahren kamen immer weniger Kunden rein. Unsere monatlichen Verluste stiegen von Monat zu Monat an.

In diesen drei Jahren hatten wir gar keine Zeit für privates Leben. Unser Sexualleben wurde durch die Arbeit fast ausgelöscht. Ich war zu müde und Edi war vom Alkohol total benommen. Es hat mir gereicht, dass er da war und mich einfach in die Arme nahm. Ich hatte ihn mit einem Mindestlohn eingestellt. Das Geld war ihm nicht wichtig. Viel wichtiger war für ihn, die Bühne zu haben, wo er den Chef spielen konnte.

Dennoch hat er Geld für sein dämonisches Nachtleben von Zeit zu Zeit gebraucht. Was er benötigte, nahm er sich aus der Kasse. Da er nie ein richtiger Geschäftsmann gewesen war, wusste er nicht oder war ihm egal, dass das Geld für unsere monatlichen Ausgaben gebraucht wurde. Zuerst verdächtigte ich das Personal. Einen nach dem anderen habe ich ausgetauscht und es fehlte immer noch Geld in der Kasse. Auf einmal verstand ich, dass Edi sich aus der Kasse bediente. Ich sagte ihm nichts und unter dem Vorwand, dass ich einkaufen gehe, fuhr ich nach Hause und überlegte, wo er das Geld versteckt haben könnte. Mein Blick fiel aufs Bett. Ich hob die Matratze an der Seite, wo er schlief, an und fand nichts. Dann hob ich meine Matratze und sah eine Zeitung ausgelegt. Ich holte sie raus und fand 30.000 DM darin eingelegt. Ich sage ihm nichts, ging zur Bank und zahlte das Geld aufs Geschäftskonto, da wir ein dickes Minus hatten. Dann fing ich an, über mein Leben nachzudenken. Seit drei Jahren hatte ich 19 bis 20 Stunden täglich gearbeitet und nur an Heiligabend freigemacht. An Hals und Rücken hatte ich einen dicken, brennenden Nervenstrang von der Müdigkeit und Verspannung. Er würde nicht nur mein schwer verdientes Geld, sondern auch mich vernichten. Ich wusste, dass ich mich von ihm trennen musste. Das Geschäft konnte ich an einen neuen Pächter abgeben, aber das Minus auf dem Konto ist geblieben. Mein Entschluss stand fest: Nachdem ich den Laden abgegeben hätte, ließe ich mich von ihm scheiden. Innerlich und physisch war ich total erschöpft und dachte, dass mir eine Reise in den Iran mit meiner Tochter zur Familie guttun würde. Edi kam nicht mit. Er hatte Angst, dass er nicht die Kraft aufbringen würde, wieder zurückzufliegen. Stattdessen fuhr er zu seinem Freund nach Düsseldorf und blieb eine Weile bei ihm. Wie ich später erfahren habe, machte er dort viele Schwierigkeiten und enttäuschte sogar seinen besten Jugendfreund. Sein iranischer Freund lebte nach der Scheidung von seiner Frau alleine und Edi besuchte ihm. Der Mann hatte gerade eine Beziehung mit einer Iranerin, die kürzlich nach Deutschland gekommen war, angefangen und die zwei hatten Anfangsschwierigkeiten. Reife Menschen mit unterschiedlichen Charakteren mussten sich erst kennenlernen und Akzeptanz für die Unterschiede schaffen. Anstelle, dass Edi zu vermitteln versuchte, half er der Frau, die er gerade kennengelernt hatte, von dem Mann wegzukommen. Der Freund war ein guter Mann, aber das konnte er ihrem Freund nie verzeihen. Die zwei haben später geheiratet und leben immer noch zusammen. Was genau vorgefallen war, weiß ich nicht, aber ich hatte nie Edis Freund so wütend gesehen. Ich fragte Edi, wie er so was seinem Freund antun konnte. Er wusste keine Antwort. Damit war die jahrelange Freundschaft in die Brüche gegangen.

24. Gründe für die Scheidung und endlich die Befreiung aus dämonischen Händen

Mein zweites Geschäft wurde bereits aufgelöst. Wir saßen alle beisammen zu Hause. Ich blickte zu Edi und sah, dass er irgendwie niedergeschlagen war. Er wurde blass, verlor seine Gesichtsfarbe und große Schweißtropfen zeigten sich an seiner Stirn. „Es geht mir sehr schlecht", beschwerte er sich bei mir. Am Tag davor hatte es wieder mal Streitigkeiten zwischen uns gegeben, die er verursacht hatte, und nun versuchte er, mit dieser Vorführung mein Mitleid zu wecken. So dachte ich im ersten Moment und habe nicht sofort einen Notarzt angerufen. Ich rief zuerst unseren Hausarzt an. Der war aber nicht zu erreichen. Ich versuchte nun, einen anderen Arzt ans Telefon zu bekommen. Er drängte mich, schneller Hilfe zu holen. Ich schaute Edi noch mal an und verstand, dass er nichts spielte, sondern dass mit ihm etwas ernsthaft passiert war. Dann rief ich den Krankenwagen an. In ein paar Minuten kam die Hilfe. Ich wollte, dass sie ihn in ein bestimmtes Krankenhaus brachten, da er dort seine Akten schon hatte. Schnell holte ich meinen Mantel, stieg ins Auto und fuhr dem Wagen hinterher. Der aber verschwand aus meiner Sicht. Am Empfang fragte ich, wo der Patient sei, der gerade eingeliefert worden wäre. Sie sagten mir, es sei kein Krankenwagen gekommen. Das konnte ich nicht glauben und war sehr aufgeregt. Sie sagten mir, er sei ins andere Krankenhaus eingeliefert worden. Wutentbrannt fuhr ich in das Krankenhaus, in das sie ihn, wie ich ausdrücklich betont hatte, nicht bringen sollen. Ich fing an zu schimpfen und wurde laut. Der Arzt kam gerade aus der Intensivstation und hatte mitbekommen, worum es ging. „Wieso schimpfen Sie? Ihr Mann hatte einen Herzinfarkt und wir haben ihm gerade das Leben gerettet. Wir haben auf Sie gewartet, weil Ihrem Mann dringend ein Herzschrittmacher eingebaut werden muss." „Auf keinen Fall!", wurde ich nun sehr laut. Ich wusste von den Machenschaften, die in diesem Krankenhaus „passiert" waren. Meine Freundin, eine Iranerin, hatte als Ärztin in diesem Krankenhaus gearbeitet und mir erzählt, dass die Ärzte Organe herausoperierten, die gar nicht krank waren. Sie konnte das nicht verhindern, und um das nicht mehr mit ansehen zu müssen, hatte sie selbst gekündigt. Aus dem Grund war ich höchst vorsichtig und traute niemandem in diesem Krankenhaus. Ich glaubte auch nicht, dass Edi einen Herzinfarkt hatte. Edi lag bewusstlos im Krankenbett und ich konnte nichts mehr für ihn tun. Die ganze Nacht hatte ich keine Ruhe und wälzte mich im Bett hin und her. Gleich um sieben Uhr war ich bei unserem Hausarzt. Er war auch ein Iraner. Ich erzählte ihm die ganze Geschichte und mein Misstrauen gegenüber der Diagnose des Arztes. „Was kann ich nun tun? Ich möchte auf jeden Fall verhindern, dass Edi operiert wird." „Sie haben ihm bestimmt eine Spritze gegeben, damit er ruhiggestellt wird. Solange er bewusstlos ist, werden sie nichts machen können. Gehen Sie ins Krankenhaus zum Chefarzt und sagen Sie, dass Sie gegen eine Operation sind. Man soll warten, bis der Patient wach wird, und falls er selbst dafür ist, können sie operieren." Ich wusste, dass Edi nie einer Operation zustimmen würde. Vor acht Uhr saß ich im Krankenhaus und wartete auf den Chefarzt. Er hat mich sofort empfangen und alles, was mich bedrückte, erzählte ich ihm. „In Ihrem Krankenhaus sind viele schlimme Sachen geschehen, und falls mein Mann hier operiert wird, gehe ich an die Presse und hole euch hier alle Medien. Ich möchte, dass mein Mann zuerst von einem unabhängigen Arzt untersucht wird, um festzustellen, was er eigentlich hatte." „Gut. Kein Problem. Machen Sie, aber bedenken Sie, dass Ihr Mann zwischenzeitlich auch sterben kann." Nach dieser Warnung blieb ich erst mal stehen. Plötzlich fühlte ich eine enorme Leere in mir und große Einsamkeit. Das erste Mal dachte ich: „Edi lässt mich alleine. Auch wenn er jetzt nicht stirbt, eines Tages lässt er mich alleine. Bewusst, unbewusst, mit Absicht oder ohne Absicht; er lässt mich alleine. Seine Liebe zu mir fühlte ich nicht so stark wie meine Liebe zu ihm. Es war ihm egal, was mit mir geschieht, nachdem er gegangen ist. Ich wusste, dass ich von nun an nicht mehr mit ihm rechnen konnte. Es ging nicht ums Geld verdienen, denn in dieser Hinsicht war er kein Mann, der das Geld nach Hause brachte und sich um die Familie sorgte. Es war eine tiefe Erkenntnis in mir, ganz nüchtern, ohne Emotionen und Illusionen, wie es um unsere Beziehung stand und vor allen Dingen um seine Beziehung zu mir. Wenn er seine Frau und das Kind lieben würde, hätte er den Alkohol schon längst gelassen. Sich heilen lassen, Hilfe gesucht oder was auch immer. Er tat aber diesbezüglich gar nichts.

Diesen Gedanken unterbrach die Ankunft des Arztes, der Edis EKG kontrollieren sollte. Das war der Mann meiner Freundin und ich hatte ihn als Arzt meines Vertrauens im Krankenhaus vorgestellt. Nach zwei Stunden kam er heraus und bestätigte mich in meinem Verdacht, dass es sich nicht um einen Herzinfarkt handelte. „Ich konnte aus der durchgeführten Untersuchung keinen Herzinfarkt bestätigen." Trotzdem hat das Krankenhaus ihn noch 8 Tage unter Medikamenten auf der Intensivstation behalten. Beim ersten

Besuch auf der normalen Station habe ich sehr schmerzvoll begriffen, dass dieser Mensch nicht mehr mein Edi war. Er war gar nicht voll da und nach meinem Verständnis seiner Lage halluzinierte er. Seine Geschichten und Erzählungen hatten keine logischen Zusammenhänge. Ich war sehr betroffen, ihn so zu sehen. Unsere elfjährige Tochter war mit dabei. In der Zeit, als ich kurz weg war, erzählte er Palina, dass er ihr ein Pferd kaufen werde, sobald er aus dem Krankenhaus herauskäme. „Papa, du weißt doch, dass Mama keine Tiere in der Wohnung haben möchte." „Wir werden es auf unserem Balkon heimlich halten." Palina erzählte mir auf dem Nachhauseweg diesen Dialog mit ihrem Vater und lachte selbst dabei über das fantasievolle Versprechen ihres Vaters.

An einem anderen Tag zeigte er mit dem Finger auf die Zeitung: „Schau mal hin, es wird ein Grundstück verkauft und man kann vieles darauf bauen. Gehe in die Bank und kaufe das." Ich schaute ihn fassungslos an. Ist er noch bei Sinnen? Wir haben gerade durch die Geschäftsauflösung über 500 TDM verloren, unsere wunderschöne Wohnung in Freiburg unter Preis verkauft und es sind noch 85 TDM Minus auf dem Geschäftskonto. „Von welchem Geld, denkst du, soll ich das Grundstück kaufen? Weißt du denn nicht, wie viel Schulden wir haben?" Dann habe ich verstanden, wie stark er innerlich darunter gelitten hatte. Seine Schuldgefühle hatten in ihm so stark gearbeitet, dass er in die Krankheit geflüchtet war. Ich war auch sehr traurig über diese Verluste und machte mir Sorgen um diesen Berg von Schulden. Aber ich hatte keine Zweifel daran, dass ich das alles wegschaffen würde. Ohne ihn, alleine, denn fürs Geldverdienen hatte ich ihn nie gebraucht. Auch früher hatte ich das alles selbst verdient. Er war mein Mann und ich liebte ihn, aber für die Familie habe immer ich gesorgt. So würde es auch in

Zukunft sein. Mein ganzes Leben mit ihm wurde mir auf einmal klar. Ich habe gewusst, wenn er nicht aufhörte zu trinken, würde ich nicht bei ihm bleiben. Nun hatte ich noch einen Schimmer Hoffnung, dass er durch diesen Herzinfarkt und die darauffolgende Erholungsphase die Gelegenheit hätte, eine Entziehungskur zu machen.

Bei einem Besuch im Krankenhaus hat er mich nach dem Geld gefragt. Er müsse irgendwelche Schulden begleichen. Ich gab ihm, wie viel er verlangte, auch wenn ich mich wunderte, wozu er Geld im Krankenhaus benötigte. Ich hatte ihm alles besorgt, was er brauchte. Einmal merkte ich, dass er etwas getrunken hatte. Jemand aus dem Zimmer hatte ihm Alkohol besorgt. Ich ging zum Chefarzt, um mich über seinen Zustand zu informieren. Nun war ich auch überzeugt, dass er einen schweren Herzinfarkt gehabt hatte. Ich schilderte dem Arzt seine für mich sehr merkwürdige geistige Verfassung. Der Arzt erklärte mir, dass auch sein Hirn eine Weile ohne Sauerstoff geblieben wäre, und man wisse noch nicht genau, welche Hirnschäden er erlitten habe. Die Erholung und Heilung würde nicht so schnell geschehen. Ich nahm die Lage an und pflegte ihn zu Hause und besuchte ihn wieder im Krankenhaus, fast ein Jahr lang. Er kam aus dem Krankenhaus nach Hause und nach einigen Tagen ging es ihm schlecht. Wieder musste er ins Krankenhaus. Und so war es fünf Mal gewesen. Ich kämpfte die ganze Zeit mit einem Berg von Schulden, die durch sein Verschulden entstanden waren, und musste noch den Lebensunterhalt für uns alle verdienen. Endlich wurde er aus dem Krankenhaus als geheilt entlassen. Zu Hause angekommen, gegen Mittag, stellte er ein Glas auf den Tisch. Ich war fest entschlossen, so ein Leben mit ihm nicht wie bisher zu führen. „Wenn du nun die Gelegenheit nicht ergreifst, um eine Entziehungskur zu machen, werde ich mich von dir scheiden lassen. Das sage ich dir in aller Ruhe und ganz ernst und das meine ich genau so." Er versuchte, sich herauszureden, dass er nur ganz wenig trinke, und versprach mir, nicht mehr wie früher zu trinken. Ich hörte das gar nicht mehr. Solche Versprechungen hatten keine Wirkung mehr bei mir. Ich wartete nicht mehr lange und tat genau, wie ich es ihm gesagt hatte. In Saarbrücken war ein Anwalt, der mit einer Iranerin verheiratet und geschieden war. Er kannte auch iranische Gesetze. Bei ihm stellte ich einen Scheidungsantrag und erklärte, dass Alkoholsucht der Grund für die Scheidung sei. Nach iranischen Gesetzen müsste er deswegen sogar ins Gefängnis. Noch dazu hätte er mir viel Geld als Entschädigung zahlen müssen. Diese Argumente, das wusste ich, würden Edi zwingen, mir eine sofortige Scheidung zu unterschreiben. Nachdem er den Brief vom Anwalt erhalten hatte, versuchte er, sich zu weigern, aber mit diesen Argumenten hatte er keine Chance. Und das hat er auch verstanden. Ich habe ihm geholfen, eine andere Wohnung zu finden, und innerhalb von zwei Wochen musste er unsere gemeinsame Wohnung verlassen.

Meine letzte Erklärung war, dass ich mich, falls mein Mann oder irgendein Familienmitglied plötzlich einen Autounfall hätte und im Rollstuhl landen würde, lebenslang verpflichten würde, für denjenigen zu sorgen. Aber ich war nicht bereit, jemanden lebenslang zu bedienen, wenn er bewusst seine Organe mit Alkohol und Zigaretten vergiftete.

25. Palinas Freund Thomas

Es war Ende September '95, als ich aus Thailand zurückkam. Der September ist in Thailand ein Regenmonat. Wegen der gefährlichen roten Quallen konnte ich zwei Wochen nicht schwimmen. Daher hatte ich Zeit, zwei große Koffer mit Souvenirs einzukaufen. Viele gute Seidenhemden und Seidenstoffe brachte ich von dieser Reise mit. Bevor ich meine Arbeit in der Schweiz wieder aufnahm, besuchte ich meine Familie in Saarbrücken. Meine Nichte hatte ein wunderbares Mädchen zur Welt gebracht. Natürlich hatte meine Schwester auch Palina Bescheid gesagt, dass ich zu Besuch sei, und so trafen wir uns alle bei meiner Mutter. Palina kam mit ihrem neuen Freund Thomas dazu.

Das war meine erste Begegnung mit Thomas. Nach meinem ersten Eindruck schien er ein guter Junge zu sein. Ich fühlte, dass er Palina sehr liebte und sie sehr verwöhnen würde, fast so, wie ihre Mutter sie verwöhnt hatte. Für mich war er ein guter Mensch und nicht so kompliziert wie meine Tochter.

Ich habe beiden viele Souvenirs geschenkt. Die Begegnung verlief harmonisch, ohne dass Unstimmigkeiten zwischen uns entstanden. Selbstverständlich sprach ich weder in Wort noch Gesten von früher. Wir waren alle glücklich und froh. Ich erzählte ihnen, dass ich in der Schweiz arbeite und sie mich doch mal dort besuchen könnten.

26. Unser plötzlicher Türkeiurlaub mit Palina und Thomas

Von jeder Begegnung zur nächsten hoffte ich, Palina sei etwas erwachsener geworden. Doch eine Reife fand nicht statt. Jedes Mal aufs Neue fand sie einen Grund zum Streiten, sodass wir uns wieder für längere Zeit nicht trafen. Ein typisches Beispiel dafür war unser Türkeiurlaub.

Ich hatte einen jungen Mann als Patienten, der nach einem Unfall im Rollstuhl saß. Sein Vater hatte in Amerika bereits eine halbe Million Mark ausgegeben, um seinen Sohn von renommierten Spezialisten heilen zu lassen; doch ohne Erfolg. So kamen Vater und Sohn zu mir. Nach etwa dreieinhalb Monaten hatte sich, dank meiner Energie- und Reiki-Therapie, der Gesundheitszustand des jungen Mannes um etwa sechzig Prozent verbessert, was der Vater des Jungen begeistert bestätigte. Er fragte mich: „Was kann ich noch Gutes für Sie tun, außer Ihr Honorar zu zahlen?"

Ich bat ihn, er solle auch meinem Guru dankbar sein, der an dieser Heilung Anteil hätte. Diesen Guru, meinen geistigen Lehrer, besuche ich einmal im Jahr in Indien. „Wenn Sie wollen, schenken Sie mir eine Reise nach Indien", sagte ich, „dann kann ich auch meinem Guru dankbar sein."

Der Vater gab mir einen Briefumschlag mit zweitausendfünfhundert Mark.

Als hätte sie das Geld gerochen, rief mich Palina am Abend an und fragte mich: „Du wolltest doch immer Urlaub mit mir machen. Jetzt habe ich Zeit, wir könnten verreisen." Ich sagte: „Jetzt im Juli ist es doch so heiß, warum ausgerechnet jetzt?" Sie sagte: „Ich habe zurzeit keine Arbeit. Thomas hat auch kein Geld. Dann könnten wir doch jetzt Urlaub machen."

Das bedeutete natürlich, dass ich die Kosten übernehmen sollte. Oftmals, wenn ich nach Indien reisen wollte, traf ich jemanden, der die Reise bezahlte. Es war wohl die Geisteskraft meines Gurus, die dafür sorgte. Allerdings durfte ich das Geld nur für die Reise verwenden, für diesen spirituellen Wunsch. Darum sagte ich im Geiste humorvoll zu meinem Guru: „Entschuldige, dass ich dieses Geld diesmal für eine Urlaubsreise mit meiner Tochter ausgebe. Sobald ich wieder Geld habe, komme ich zu dir."

Zu Palina sagte ich: „Du hörst morgen von mir." Am nächsten Morgen stand ich am Last-Minute-Schalter auf dem Frankfurter Flughafen. Der letzte freie Platz, den ich buchen konnte, war ein Flug in die Türkei, mein Geld reichte genau dafür. Zwei Wochen Vollpension direkt am Meer für drei Personen, Palina, Thomas und mich. Vom Flughafen aus rief ich Palina an, ob sie einverstanden sei. Sie sagte zu und versicherte mir, dass Thomas mir das Geld für seinen Anteil später zurückzahlen würde. Wir flogen in die Türkei und kamen ins Hotel. Es war sehr heiß, über vierzig Grad. Wir konnten tagsüber kaum etwas unternehmen, sondern mussten uns in kühlen Räumen aufhalten. Natürlich hatte ich die Reise in der Hoffnung angetreten, dass wir uns wieder etwas besser verstehen würden, dass Palina reifer geworden sei. Tatsächlich sind wir uns in den ersten paar Tagen überhaupt nicht oder höchstens mal für zwanzig Minuten begegnet, wobei sich Palina und Thomas über die Hitze beklagten. Ansonsten waren die beiden dauernd nicht da. Ein Reklameschild am Strand warb damit, dass man innerhalb einer Woche den Tauchschein machen könne. Nachdem ich mich erkundigt hatte, fragte ich Palina, ob sie Lust hätte, tauchen zu lernen, da es unter Wasser nicht so heiß sein würde. Ich selbst würde im Begleitboot bleiben, wo ich im Schatten sitzen könnte. Siebenhundert Mark sollte der Tauchschein kosten. Sie und Thomas freuten sich darüber und sagten, dass Thomas später seine Tauchkursgebühren an mich zurückzahlen würde. Ich hatte eine Idee: „Ich rede mit dem Tauchlehrer und versuche, ihn herunterzuhandeln.

Ich werde ihm sagen, dass ich nur noch für eine Person Geld habe, dass jetzt Nebensaison sei, er doch sowieso tauchen müsse, selbst für eine Person. In diesem Falle kann es ihm doch egal sein, ob eine weitere Person mit taucht oder die Erklärungen mit hört." Der Tauchlehrer war einverstanden. Palina und Thomas erwarben in einer Woche ihren Tauchschein, während ich meine Zeit auf dem Beiboot verbrachte. Trotzdem spürte ich von Palina keine Liebe. Sie blieb mir gegenüber völlig kalt. Wieder einmal hatte sie mich ausgenutzt.

An einem Vormittag saßen wir im Hotel und überlegten, ob wir für einen Tag etwas gemeinsam unternehmen wollten, damit ich die beiden auch mal für länger sehen konnte.

Doch Palina sagte: „Ich fühle mich krank. Irgendwas stimmt mit meinem Magen nicht. Ich muss ins Krankenhaus." Sie war blass und hatte eine schweißnasse Stirn. Sie sagte, sie müsse eine Spritze bekommen, damit es ihr besser ginge. Ihre Gesichtszüge waren für mich die einer Süchtigen, deren Suchtmittel ausgegangen waren. Natürlich sagte ich ihr das nicht, sondern fragte nur: „Hast du vielleicht etwas Falsches gegessen oder vielleicht Alkohol getrunken?"

Statt mir vernünftig zu antworten, sah sie mich für einen Moment seltsam an, bevor sie dann in besinnungsloser Wut auf mich einschrie, wobei sie sich mit wüsten Beschimpfungen nicht zurückhielt. Wieder erschien mir die längst bekannte Fratze eines gewissen Dämons. Sie sprang auf und verließ eilig den Tisch. Als sie gegangen war, entstand zunächst Stille zwischen Thomas und mir. Dann fragte ich ihn sanft und friedvoll: „Warum macht sie das? Ich liebe meine Tochter über alles! Habe ich etwas Falsches gesagt? Kannst du mir einen Rat geben, mir sagen, was mit ihr los ist?"

Thomas überlegte: „Ich weiß nicht, was zwischen euch beiden ist. Palina hat mir nie etwas erzählt." „Hat sie wirklich nie?" „Nein, ich hatte sogar gehofft, ich könnte von dir etwas erfahren." Ich dachte, vielleicht ist sie wirklich süchtig und hat irgendwas geraucht. Ist sie abhängig und vermisst ihren Stoff? Thomas sagte, er wüsste über mich noch gar nichts, nur über Palinas Vater, dass er Alkoholiker wäre, worüber sie sehr unglücklich sei. Sie höre auch nicht mehr auf ihren Vater. „Von dir, das kann ich dir versichern, hat sie noch nie ein Wort gesprochen."

Ich wollte wissen, ob Palina süchtig sei; vermisste sie womöglich ihre Droge? Thomas meinte: „Nicht dass ich wüsste. Daran glaube ich nicht." „Ist Palina auch mit dir oder anderen Menschen so hysterisch oder nur mit mir?", wollte ich wissen.

„Zwischen uns war bisher alles in Ordnung. Ich liebe sie sehr und so wie heute habe ich sie auch noch nie erlebt." Ich erzählte Thomas nichts von früher. Ich wollte Palina nicht verraten, mit keinem Satz. „Beide sind glücklich", dachte ich, „dann will ich auch glücklich sein. Palina hat einen guten Menschen an ihrer Seite, also sage ich besser nichts und gebe mich zufrieden."

In diesem Moment erschien mir alles glaubhaft, was Thomas sagte, doch konnte ich mir nicht vorstellen, dass Palina nur zu mir so hysterisch war, weil die Art ihres Ausbruchs die eines absolut kranken Menschen war. Das bekam ich später auch von Edi bestätigt, der mir am Telefon erzählte, dass Palina und Thomas seit Langem heimlich zu einem Psychotherapeuten gingen.

Thomas stand nun auf und sagte, er müsse Palina jetzt auf jeden Fall ins Krankenhaus bringen.

Nachdem Palina ihren Vater verlassen hatte, mutmaßte ich, ob sie vielleicht schwanger sein könnte. Möglicherweise hatte sie sogar abgetrieben und der Bruch zwischen Edi und ihr war dadurch entstanden. Bei jedem Treffen mit mir ging Palina allen Einzelheiten aus dem Weg. Sie wollte mir nichts Näheres von sich erzählen, als gäbe es etwas, was ich nicht wissen durfte. Palina kannte meine Einstellung. Während meines ganzen Lebens hatte ich niemals ein Kind abgetrieben. Für mich war das Mord! Palina hatte wohl befürchtet, ihr Kind behalten zu müssen, wenn ich davon erführe. Falls das Kind nicht von Marwin, sondern von Edi gewesen wäre, hätte ich Edi mit Sicherheit getötet. Deshalb wollte ich vorsichtshalber nicht genauer darüber sprechen, nichts Näheres wissen.

Durch meine langjährige Arbeit in der Gastronomie sammelte ich viel Erfahrung mit betrunkenen Menschen, obwohl ich selbst nicht trank. Aber diesen Dämon, der bei Edi oder Palina zutage trat, habe ich bei anderen betrunkenen Menschen nie erlebt. Solche satanischen Energien kannte ich nur von Schizophrenen, Alzheimer-Patienten oder sonst schwer Geisteskranken. Seit Palina weg war, hatte ich sie nur ein oder zwei Mal im Jahr gesehen, immer dann, wenn sie Probleme hatte oder ihr Geld knapp wurde. Bei einer Begegnung sagte sie mir, dass sie Geld brauche für die Benedikt-Sprachschule. Diese sei notwendig für ihre berufliche Weiterbildung. Ich sagte ihr diese Hilfe zu und versprach, die Kursgebühren regelmäßig an die Sprachschule zu überweisen, doch Palina wurde unruhig. Sie hätte den Vertrag selbst unterschrieben und nur sie könne das Geld weitergeben. Ich gab ihr wie üblich das Geld, obwohl ich ihr kein Wort glaubte. Manchmal, wenn wir uns sahen, stellte sie mir Fragen über ihren Vater. Doch sobald ich ehrlich antwortete, wurde sie wütend, sprang auf und drohte wegzulaufen. Ich fragte: „Warum stellst du mir überhaupt Fragen, wenn du schon vorher weißt, dass dir meine Antworten nicht gefallen werden, du sie gar nicht ertragen willst? Fragst du extra nur, um dich aufzuregen, damit du wieder einen Vorwand hast, dich für ein weiteres Jahr von mir zurückzuziehen?" Jedes Mal, wenn sie mich verließ, hatte ich das Gefühl, dass sie mehrere geistige Erkrankungen gleichzeitig hatte. Auch von diesen Vermutungen erzählte ich Thomas nichts. Er sollte von seiner Frau kein schlechtes Bild bekommen. Das Geld, das ich während des Türkei-Urlaubs für Thomas vorgelegt hatte, wollte ich natürlich nicht mehr zurückhaben. Zu Palina sagte ich: „Wenn Thomas zurückzahlen will, soll er dir das Geld geben."

27. Mein lieber Vater

Mein Vater war ein herzensguter Mensch und sehr intelligent, ein Genie beinahe, und natürlich war er seiner Familie zärtlich zugetan. Speziell liebte er mich, da ich sein erstes Kind war. Er erzog uns mit Liebe, niemals hat er versucht, uns mit Gewalt zu erziehen. Er konnte zwar lesen und schreiben, besaß aber keine höher angesehene Bildung. Trotzdem war er ein gelehrsamer Mann. Beispielsweise baute er ohne Architekten seine Villa am Kaspischen Meer, half seinem Freund in der Apotheke und besaß eine außergewöhnliche Gabe, anderen Menschen zu helfen.

Durch die Arbeit in der Apotheke hatte er sich enorme Kenntnisse angeeignet, sodass er Menschen medizinisch beraten konnte, die für Medizin eigentlich zu arm waren. Nach und nach zogen wir alle, ich zuerst, von Teheran nach Deutschland, um für immer dort zu bleiben. Nur mein Vater kehrte nach acht Jahren wieder in den Iran zurück, während meine Mutter in Deutschland blieb, was durchaus keine Scheidung darstellte, denn meine Eltern liebten sich noch immer. Mein Vater wollte einfach wieder in seine Heimat zurück.

Er hatte zu Hause unzählige Bücher studiert und war in vielen Bereichen bestens belesen. Er war sehr versiert in Farsi, der klassischen persischen Sprache. Wenn er mit uns Kindern spielte, nutzte er jede Möglichkeit, unsere Bildung zu erweitern. Eines seiner Spiele ging so, dass er ein Gedicht aufsagte und ich danach ein anderes Gedicht aufsagen musste, dessen erster Buchstabe mit dem letzten Buchstaben seines Gedichtes anfing. Endete sein Gedicht mit einem M, so hatte mein Gedicht wiederum mit einem M zu beginnen. Endete mein Gedicht mit einem B, so musste meine nachfolgende Schwester Lili ein Gedicht aufsagen, das mit einem B begann.

Saadi war ein großer iranischer Dichter, der die gesamte menschliche Lebensart in Gedichten lehrte, in schwierigen Gedichten mit tiefer philosophischer Bedeutung. Mein Vater sagte: „Wer von euch es schafft, auch nur eine Seite von Saadi zu lesen und zu verstehen, bekommt von mir zehn Toman (iranische Währung)." Meine Schwester und ich lernten daraufhin sehr fleißig, wobei mein Interesse allerdings am größten war. Im späteren Leben haben mir diese Spiele gelegentlich weitergeholfen, zum Beispiel bei meinen Tätigkeiten als Synchron-Sprecherin und Radio-Ansagerin. So konnte ich sogar selbst Programme schreiben oder deren Richtigkeit kontrollieren. Übrigens lernte mein Vater auch durch uns. Als ich einmal ein Buch von Sigmund Freud las, war er sofort äußerst interessiert, las ebenfalls dieses Buch und wurde selbst zum Anhänger Sigmund Freuds. Wenn

Vater in der Moschee war, betete er wie alle Gläubigen mit Leib und Seele. War er hingegen mit uns in der Disco, so war er auch dort voller Hingabe bei der Sache. Er tanzte zur Freude aller mit meiner Schwester und mir so ausgelassen, bis wir am Ende die Tanzfläche für uns alleine hatten. Mein Vater bestand grundsätzlich darauf, dass wir uns den Sitten eines fremden Landes anpassten, egal, ob wir uns gerade in einem arabischen Land aufhielten oder in Deutschland. In diesem Punkt war er unerbittlich. In einem Hotel in Bad Homburg wirkte er einmal so lange auf uns ein, bis wir, eine traditionelle iranische Familie, nackt in die Sauna gingen, so, wie es die Deutschen taten. Niemals fing er Streit an, sondern versuchte sogar, Unstimmigkeiten anderer Menschen zu schlichten, mit Güte und Ruhe. Er war ein sehr großzügiger Mann, immer bestrebt, mit anderen Menschen zu teilen, gleich ob Geld, Wissen oder Lebensfreude. Wenn mein Vater Zeit zum Kochen fand, kochte er jedes Mal mehr, als wir tatsächlich essen konnten, nur weil es ihm Freude machte, den Rest zu verschenken. Er hat uns vier Kinder sehr gerecht behandelt. Zu seinen psychologischen Methoden gehörte es, meine Schwester und mich demonstrativ auf den Schoß zu nehmen, wenn Besuch kam. Sodann schwärmte er den Gästen vor, was für schöne Töchter er hätte, die außerdem niemals Fehler machten. Er sagte: „Meine Töchter sind die besten Diplomaten. Sie machen niemals Fehler." Woraufhin wir natürlich bestrebt waren, sein Lob auch tatsächlich zu verdienen, ihn nicht zu enttäuschen und nach Möglichkeit nichts falsch zu machen. Vater war immer gut rasiert, tadellos angezogen und sah wie ein englischer Aristokrat aus. Er hatte rötlich-blondes Haar und sogar Sommersprossen. Wenn wir ausgingen, war ich sehr stolz auf ihn wegen seiner guten Manieren. Er war sehr diplomatisch und besaß einen ansteckenden Humor. Kaum dass er nach Hause kam und die Tür aufmachte, lachte bereits das ganze Haus.

Meine Familie war nicht reich, zumindest nicht finanziell, dafür aber reich an guten Charaktereigenschaften. Sie alle, Großvater, Großmutter, Tante und Onkel besaßen diese wertvollen Geistesgaben, waren kluge, friedvolle Menschenseelen. Wenn es erforderlich war, konnte mein Vater natürlich auch streng sein, beispielsweise wenn wir nicht lernen wollten. Dies war jedoch eine positive Strenge, deren Notwendigkeit wir einsehen konnten.

Ich war etwa viereinhalb Jahre alt und müde vom Spielen, als ich abends nach Hause kam. Meine Mutter hatte mir Reis auf iranische Art gekocht, mit duftender Margarine, und mich danach zu Bett gebracht. Während ich einschlief, wusste ich, dass mein Vater bald nach Hause kommen würde. Unser Haus war durch eine schmale, etwa hundert Meter lange Gasse mit der Hauptstraße verbunden, durch die er nun näher kam. Mein Vater hatte einen angenehmen Körpergeruch und er hatte Polypen, deretwegen er manchmal die Nase hochzog. An beiden Merkmalen erkannte ich ihn schon aus der Entfernung und ich wusste: Gleich wird er sich behutsam über mich beugen und mir einen Kuss auf die Wange geben, während mich der aufkommende Schlaf bereits lähmt. Dabei wird er flüstern: „Ich opfere mich für dich!" So sagt man im Iran, wenn man jemanden sehr, sehr lieb hat. Natürlich bin ich zu müde, um noch zu reagieren, sondern werde mich glücklich umdrehen und völlig einschlafen.

Mir bleibt nur zu sagen, dass ich den besten Vater der Welt hatte, den ich über alles liebte. Daher verstand ich natürlich, dass auch meine Tochter ihren Vater sehr liebte. Aber es erschien mir ungezogen und primitiv, wie sie mich, ihre eigene Mutter, derart diffamierte und provozierte aus vorgeblicher Liebe zum Vater. Mir gab sie die Schuld an Edis katastrophalem Gesundheitszustand und seinem Tod. Sie behauptete: „Papa bekam Asthma auf deiner Baustelle."

Dass auch sein hoher Zigarettenkonsum die Ursache dafür sein konnte, wollte Palina einfach nicht einsehen. Etwa sechzig Jahre lang war er Kettenraucher und Trinker und sollte trotzdem kein Mitverschulden an seinem Tod tragen? Edi starb nach seinem dritten Herzinfarkt und hing am Schluss völlig abgemagert an Schläuchen. In Palinas kranker, negativer Denkweise war ich die Schuldige am Tod ihres Vaters, obwohl ich fünfundzwanzig Jahre lang gegen Edis Süchte angekämpft hatte.

Einmal wollte ein Psychologe herausfinden, welches Verhältnis ich zu meinem Vater hatte, inwiefern die Vater-Beziehung mein Problem beeinflusste. Nun ja, ich konnte den nächtlichen Dämon in Edi wohl nur deshalb fünfundzwanzig Jahre aushalten, weil er tagsüber, mit seinem perfekten Gentleman-Verhalten, den Platz meines Vaters ersetzte. Wenn Edi eine selbstkritische Phase hatte und meinem Vater seine Fehler gestehen wollte, zog sich dieser stets weise und elegant aus der Affäre: „Du hast keine Fehler, mein Sohn. Es kommt nur gelegentlich vor, dass du ein Glas zu viel trinkst."

Mein Vater starb im Juli 1993. Zu dieser Zeit wohnte ich mit meinem Freund zusammen in Nidda, etwa achtzig Kilometer nördlich von Frankfurt. Mir ging es so schlecht, dass ich mich freiwillig in stationäre Psychiatrie begab, wo ich mir eine Behandlung ohne Medikamente erhoffte.

Ich musste wieder zu mir kommen, zurück in mein Zentrum, wollte alleine sein, kein Wort mehr hören. Das war etwa zwei Jahre nachdem ich Saarbrücken verlassen und meine Tochter zuletzt gesehen hatte. Bevor ich die Klinik verließ, telefonierte ich mit Palina. Ich sagte ihr, dass ihr Großvater gestorben sei, und bot ihr an, uns nach meiner Entlassung in Frankfurt zu treffen. Unsere Begegnung verlief normal. Ich sprach mit Palina nicht über früher, da ich keinen Sinn darin sah, sie noch darauf anzusprechen. Inzwischen war sie siebzehn. Spuren ihrer Krankheit und Aggressivität waren noch immer zu erkennen, wenngleich nicht so stark ausgeprägt wie vor zwei Jahren. Wir vermieden jede Aussprache über das bewusste Thema. Stattdessen nahmen wir uns am Abend, als wir zusammenlagen, in den Arm und schliefen gemeinsam ein. Palina erzählte mir, dass sie beim ADAC eine Ausbildung mache, was wohl die richtige Entscheidung war, da sie bereits nach acht Jahren die Schule verlassen hatte. Immerhin lernte sie noch weiter Englisch. Sie sagte auch, dass sie den Motorradführerschein gemacht hätte und eine kleine Maschine besäße. Natürlich gab ich ihr wieder Geld. Aber die früheren Gefühle stellten sich nicht mehr ein. Es lief alles nicht schlecht, wir hatten immerhin keinen Streit.

Zufällig hatte ich in Frankfurt auch eine Bekannte getroffen, die bei einer Gastronomie-Kette in der Schweiz beschäftigt war. Ihr Geschäftsführer musste wegen einer Krebserkrankung operiert werden und sie wusste nicht, wie lange er ausfallen würde. Sie brauchte dringend jemanden wie mich, die ich vierzehn Jahre selbstständig war und große Erfahrung hatte. Ich sollte so bald wie möglich einspringen und zu ihr in die Schweiz kommen. Später würde sich dann herausstellen, ob meine Mitarbeit von Dauer wäre. Die Filialen des Gaststättenbetriebes waren Tag und Nacht geöffnet. Nach Anweisung meiner Freundin, die auch meine Chefin sein würde, sollte ich am Anfang rund um die Uhr in Bereitschaft bleiben und auf telefonischen Zuruf in Aktion treten. Meine Aufgabe bestünde darin, zwischen den Geschäften hin und her zu fahren, diese zu kontrollieren und außerdem von zahlungsunwilligen Gästen das Geld einzutreiben. Natürlich sollte ich zwischendurch auch mal freie Stunden nehmen und schlafen.

Nach den neun Monaten Pause, während derer ich mit meinem Freund in Nidda gewohnt hatte, war ich wieder in Topform. Diese Freundschaft hatte sich als unfruchtbar erwiesen, weshalb ich bedenkenlos in die Schweiz fahren und diesen Job annehmen konnte. Schon bald war meine Chefin von meiner Arbeit begeistert, und da der Geschäftsführer nicht mehr zurückkam, blieb ich für die nächsten Jahre in der Schweiz und verdiente dort hervorragend.

28. Meine sehr liebe Mutter

Meine Mutter war eine wunderbare Frau. Sie war ein Stück Liebe. Sie hat mich, ihre erste Tochter, sehr geliebt. Doch natürlich liebte sie alle ihre Kinder, eines wie das andere: „Ich liebe euch, wie ich die Finger meiner Hand liebe! Keinen davon möchte ich vermissen." Ihr einziger Wunsch war, mit ihren Kindern und deren Familien zusammen sein. Mutter dachte nur ungern daran, dass ihre Kinder nicht für immer zusammenbleiben würden. Sie würden erwachsen werden, heiraten und aus dem Hause gehen.

1966 kam ich, als Erste meiner Familie, nach Deutschland und meine Schwester Lili folgte noch im selben Jahr. Wir haben in Göttingen gearbeitet, wo uns nach einem Jahr unsere Eltern besuchten. Meine Mutter sah sehr krank aus. Ich fragte sie: „Warum bist du so krank? Ich habe dich doch gesund zurückgelassen."

Sie sagte: „Selbstverständlich fühle ich mich krank. Deine zweite Schwester ist inzwischen verheiratet und hat das Haus verlassen. Dich und Lili sehe ich seit einem Jahr nicht mehr." Ursprünglich war geplant, dass meine Eltern nur für drei Monate bleiben sollten, doch ich fragte sie: „Warum wollt ihr überhaupt zurückgehen? Wenn Mutter krank ist, bleibt doch einfach hier." Mutter fragte: „Wie lange können wir bleiben?"

Ich überlegte für ein paar Sekunden: „Für immer! Ihr könnt bleiben, solange ihr wollt." Natürlich sprachen wir in den nächsten Tagen darüber. Meine Eltern hatten nur ein Touristenvisum mit dreimonatiger Gültigkeit. So musste ich schriftlich dafür bürgen, dass ich für meine Eltern sorgen und ihren Unterhalt bezahlen würde. Daraufhin wurde die Aufenthaltserlaubnis verlängert. Meine Mutter blieb siebenundzwanzig Jahre in meinem Haushalt, bis sie in ein Altenheim kam.

Sie war eine gute Muslimin, hat alle religiösen Gebote befolgt, nie gelogen, nie schlecht über andere geredet und nie gestohlen. Sie war sehr achtsam, so, wie sie uns auch erzogen hatte. Natürlich habe ich meine Mutter sehr geliebt und geachtet, aber ich sagte: „Mama, hier in Deutschland tragen die Frauen keine Kopftücher. Ich mache dir ein Angebot: Ich kaufe dir zwei schöne Perücken, dann kannst du dein Haar verhüllen, so wie mit einem Kopftuch. Niemand wird deine Haare sehen können."

Sie war einverstanden und so trug sie Perücken statt des Kopftuches. Es waren wohl wirklich schöne Perücken, denn die Männer schauten ihr oft nach. Ich musste meinen Führerschein und meinen Flugschein in Hamburg machen und dementsprechend eine Weile dort bleiben. Nach mir machte auch Lili ihren Führerschein in Hamburg.

Meine Mutter hatte verinnerlicht, dass sie für sehr lange Zeit hierbleiben würde, weshalb sie letztlich mit allem einverstanden war. Sie war glücklich, dass sie nun weiterhin für uns sorgen durfte, für uns kochen und den Haushalt machen, während Lili und ich draußen arbeiteten. Mein Vater machte natürlich begeistert mit und brachte häufig Kinder von draußen herein, für die er Eis kaufte, für die er kochte und sich dafür von ihnen Deutsch beibringen ließ.

Obwohl meine Mutter über keine höhere Bildung verfügte, lesen und schreiben konnte sie natürlich, war sie sehr clever. Alles hat sie schnell begriffen. Sie hat auch versucht, sich an deutsche Lebensgewohnheiten anzupassen; anders als ich, die sich nie anzupassen brauchte. Ich war einfach von Natur aus eine westliche Frau, war modern eingestellt, wollte mich bilden, draußen arbeiten und Karriere machen.

Ich hasse Fanatismus, doch mit Mutters Form der Religion hatte ich niemals Probleme. Meine Mutter war wirklich ein Stück Liebe, sie war Liebe, Liebe und Liebe. Sie war ein guter Mensch und eine feine Seele. Meine Familie mütterlicherseits bestand ebenfalls aus lieben Menschenseelen. Mutters Vater kannte ich nicht, er war schon verstorben.

Auch meinen Onkel habe ich sehr geliebt. Einmal, als er bei uns war, musste er zum WC gehen, doch ich wollte auf seinen Schultern sitzen bleiben. Ich ließ ihn erst frei, als meine Mutter mit mir schimpfte. Wenn mein Onkel bei uns übernachtete, wollte ich unbedingt bei ihm im Bett schlafen.

Einmal sagte meine Mutter: „Du bist jetzt sechs Jahre alt, mein Kind, und kommst bald zur Schule. Als Mädchen kannst du nicht mehr mit dem Onkel in einem Bett schlafen." Doch Mutters Worte überzeugten mich nicht.

Bereits am folgenden Abend schlich ich mich, insgesamt sieben Mal, in sein Bett, wurde aber jedes Mal wieder herausgeholt, bis ich endlich verstanden hatte, dass ich ab jetzt nicht mehr bei meinem Onkel schlafen durfte. Iraner pflegen sich stark aneinander zu binden, bis zum Ende des Lebens. Deshalb kommen alte Menschen bei uns erst mal nicht ins Heim, sondern bleiben so lange wie möglich in der Familie. Meine Mutter war in vielen Dingen altmodisch, doch das konnte ich vertragen.

Ich habe sie immer geachtet. Im Iran sagt man: „Wenn du glücklich leben willst, musst du deine Mutter immer achten und auf sie hören, denn das Paradies lebt unter den Füßen der Mutter." Natürlich müssen auch Vater und Lehrer geachtet werden. Wenn der Lehrer in die Klasse kommt, müssen die Kinder aufstehen.

Ich habe diese Weisheiten auch meiner Tochter beibringen wollen, doch die Einflüsse von außen waren stärker. Das war mir natürlich eine Ehre, dass meine Mutter bei mir blieb und glücklich war. Als meine Tochter in Hannover geboren war, wollte ich alles selbst in die Hand nehmen, doch meine Mutter drängte danach, mitmachen zu dürfen. Ich wollte meiner Mutter nicht lästig sein und stellte das Kinderbett in mein Zimmer. Meine Mutter jedoch wollte auch an dieser Pflicht teilnehmen. Ich sagte: „Du hast doch früher schon genug für uns gesorgt." Doch sie wollte mit mir zusammen für Palina sorgen.

Ich legte großen Wert auf Hygiene und desinfizierte alles, was mein Baby brauchte, wobei meine Mutter tatkräftig mithalf. Bis Palina in den Kindergarten kam, hatte sie auch tatsächlich niemals Fieber gehabt. Meine Mutter sagte immer: „Ich folge deinen Anweisungen." Für Palina war meine Mutter einfach zu altmodisch. Meine Mutter ihrerseits konnte Palina nicht mehr folgen, die schon mit elf Jahren sexuell ausgereift war, der Kindlichkeit entwachsen. Ich selbst hatte mit den „unmodernen" Ansichten meiner Mutter keine Probleme. Ihre Ansichten enthielten viele Werte, die niemals unmodern werden können, außer die Menschlichkeit würde unmodern. Dennoch nährte ich mich, da ich meine Bildung selbstständig vollzog, ausschließlich von wissenschaftlich erwiesenen Erkenntnissen.

Nach acht Jahren in Deutschland ging mein Vater in den Iran zurück. Meine Mutter blieb freiwillig hier. Sie blieb mir eine treue Dienerin und Gefährtin. So vergingen einige Jahre. Dann, während eines Tunesienurlaubs, den ich mit ihr und Lili verbrachte, wurde meine Mutter krank und bekam dicke Beine. Von da an musste sie Tabletten einnehmen, von denen sie auch Herzbeschwerden und zu hohen Blutdruck bekam. Überhaupt bekam sie nun eine Krankheit nach der anderen. Am Ende stand Morbus Alzheimer.

Wir konnten Mutter nicht mehr alleine in der Wohnung lassen. Ihre Vergesslichkeit hätte zu häuslichen Unfällen geführt. So brachten wir sie ins Altenheim, wo sie auch ihren letzten Infarkt erlitt. Danach saß sie nur noch herum wie ein Stück Holz, konnte nicht mehr reden, nicht mehr aufstehen, nicht mehr richtig essen und war völlig abgemagert. Als uns Palina Ende 1991 verließ, litt meine Mutter schwerer darunter als ich. Das Problem mit ihrer Enkelin hatte sie nicht nur körperlich, sondern auch psychisch getroffen. Der Schock war zu groß und aus meiner Sicht auch verantwortlich für ihren Tod.

Ganz zuletzt, bevor Palina wegging, hatte sie Edi negativ beeinflusst, nicht nur gegen mich, sondern auch gegen meine Mutter. Dabei hatte meine Mutter Edi geliebt und ihn umsorgt wie ihren eigenen Sohn. Er selbst sagte häufig: „Ich hatte niemals eine Mutter wie dich. Du hast alles für mich getan."

Edi war immer sehr eifersüchtig auf meine Eltern und Geschwister. Ich sollte nur ihn lieben. Um meine Familie zu diskreditieren, suchte er negative Punkte heraus, die meine Familie jedoch überhaupt nicht hatte. Er konstruierte sie lediglich und infizierte Palina damit. Von diesem dämonischen Samen war Palina so vergiftet, dass sie meine Mutter bis zu ihrem Tode nicht mehr besuchte noch anrief, obwohl ihre Oma immer herzensgut zu ihr war. Bei einem der letzten Besuche im Altenheim hatte ich das Gefühl, meine Mutter würde bald sterben. Doch schien sie noch nicht sterben zu können, als fehle ihr eine letzte Erfüllung. Ich versuchte, mit ihr zu kommunizieren. Seit drei Jahren konnte sie nicht mehr reden. Ich sagte: „Wenn du mich erkennst, Mama, blinzle mit den Wimpern." Sie blinzelte. Als ich nach Hause kam, rief ich Palina an und erzählte ihr von ihrer Oma, die im Sterben lag. Ich bat sie, die alten Geschichten zu vergessen, die doch so viele Jahre zurücklagen, und zu Omas Sterbebett zu kommen: „Jeder Einzelne von uns war schon bei Oma und hat sich verabschiedet. Sie kann aber nicht in Frieden sterben, weil du noch nicht da warst. Sie wartet auf dich. Fahre ganz schnell zu ihr, nimm sie in den Arm und sage ihr, dass du sie sehr liebst und dass du keine Zeit hattest, sie früher zu besuchen, weil du so viel arbeiten musstest."

Am nächsten Tag ging Palina zu meiner Mutter und verabschiedete sich. Am Tag darauf starb meine Mutter. Sie hatte einige Jahre vorher alles für ihren Tod vorbereitet. Eine muslimische Frau sollte sie, nach islamischem Brauch, waschen und in ein sieben Meter langes, weißes Baumwolltuch einwickeln. Wir bestellten diese Frau über ein iranisches Bestattungsunternehmen, doch am Abend vorher erfuhren wir telefonisch, dass die Frau nicht kommen konnte. Meine Schwester sagte: „Wenn die Frau nicht kommen kann, dann machen wir es selbst." Mir kamen Bedenken: „Ich weiß nicht, wie das geht. Ich bin keine Muslimin." Meine Schwester sagte: „Ich habe ein islamisches Buch. Das lesen wir heute durch und morgen machen wir alles so, wie es da geschrieben steht." Das haben wir dann auch so gemacht. Meine Mutter wurde in Saarbrücken beerdigt, meine ganze Familie und auch Palina waren dabei.

29. Palina in der Schweiz

Ich war in der Schweiz, als Edi mich anrief: „Palina hat viele Fortschritte gemacht. Sie hat eine Ausbildung beim ADAC begonnen und hat jetzt auch ihren Autoführerschein gemacht. Sie hat ein tolles Auto gesehen, genau das Richtige für sie. Der Wagen ist aus zweiter Hand, aber absolut klasse. Soll nur zwölftausend Mark kosten. Wir hoffen doch, dass du das bezahlst." Ich musste lachen: „Ich dachte, du würdest deiner Tochter beibringen, ihre Mutter mal anzurufen, vielleicht um zu fragen, wie es ihr geht, und sich dafür entschuldigen, dass sie das ganze Jahr nichts hat von sich hören lassen. Wieso spielst du übrigens den Sekretär für Palina, kann sie nicht selbst mal anrufen?"

Am nächsten Tag rief Palina an. Ich lud sie ein, in die Schweiz zu kommen, und bot ihr an, ein Auto zu finanzieren, aber keines für zwölftausend Mark. Sie solle erst mal ein preiswerteres Auto fahren, bis sie genügend Fahrpraxis erworben hätte. Es freute mich allerdings, dass sie ein Auto kaufen wollte, denn ich hatte Angst um sie, wenn sie Motorrad fuhr. Zwar hatte sie mich mal zu einer Probefahrt mitgenommen, wobei sie auch sehr gut fuhr, doch meine Angst blieb. Motorräder bieten nun mal keinen Schutz, weshalb Biker bei einem Unfall eben deutlich schlimmer verletzt werden als Autofahrer.

An einem verabredeten Tag kamen Palina und Thomas zu mir in die Schweiz. Wir trafen uns in einer Autobahnraststätte, in einem Mövenpick. Wir aßen und tranken und fuhren anschließend nach Zürich, meinem damaligen Wohnort. Ich getraute mich nicht, Palina und Thomas in meiner kleinen Wohnung unterzubringen. So brachte ich sie in der größeren Wohnung einer Freundin unter, die diese freundlicherweise zur Verfügung hatte.

Am Abend saßen wir zusammen und ich sagte: „Palina, ich bezahle dir ein Auto, weil ich will, dass du nicht mehr Motorrad fährst. Das ist zu gefährlich. Wenn du einen Unfall hast, bist du schwerst verletzt. Womöglich fehlt dir sogar ein Arm oder Bein."

Palina gestand mir, dass sie bereits einen Motorradunfall hinter sich hatte, bei dem allerdings nur ihre Stiefel beschädigt wurden. Ich sagte: „Wenn du dein Motorrad verkaufst, kannst du von diesem Geld ein gutes, gebrauchtes Auto kaufen, ein halbes Jahr damit fahren und dann reden wir noch mal darüber. Ich gebe dir zweitausendfünfhundert

Mark dazu." Palinas Wunschauto hätte viel Benzin verbraucht. Ich sagte: „Selbst wenn dir jemand einen Ferrari schenkt, musst du trotzdem das Benzin, die Versicherung, die Steuern und die Werkstatt selbst bezahlen. Wie wolltest du das machen? Du alleine verdienst nicht genug und dein Vater könnte dir bestimmt nicht weiterhelfen."

Palina schaute mich starr und feurig an und Edis nächtlicher Dämon kam in ihr zum Vorschein. Das war nun unser erstes Treffen seit über einem Jahr. Diesen Dämon kannte ich sonst nur von Edi oder aus Filmen, wie „Dr. Jekyll und Mr. Hyde". Immerhin brauchte Palina keinen Alkohol zum Erreichen dieses Zustandes. Es reichte, wenn ihr ein Wunsch nicht erfüllt wurde. Es war wohl mein Fehler, dass ich ihr in der Vergangenheit alle Wünsche erfüllt hatte. Sie hielt das längst für selbstverständlich. Palina schrie mich mehrmals laut an und schimpfte heftig. Ihr Dämon konnte nur noch hilflosen Zorn hinausschreien. Er fühlte, wie endgültig er die Macht über sein Opfer verloren hatte.

Ich blieb ruhig: „Beruhige dich! Wir sind hier nicht in Deutschland, sondern in der Schweiz. Die Polizei ist hier strenger. Wenn sie dich abholen, weil sich die Nachbarn über dein Geschrei beschweren, will ich lieber nicht dabei sein. Ich komme morgen wieder und du kriegst das Geld."

Auf dem Heimweg schimpfte ich mit mir selbst: „Musst du sie wirklich so krankhaft lieben, von ihr so abhängig sein, dass du ihr immer noch Geld gibst, obwohl sie dich so schrecklich behandelt?" Was immer ich über psychische Erkrankungen gelesen hatte, über Schizophrenie, Hysterie, Neurosen und Sonstiges, stets erkannte ich Zustände, die auch auf Palina zutreffen. So wusste ich zwar nicht, von welcher Krankheit sie betroffen war, vielleicht wirklich von allem, doch eines wusste ich: Sie war ernsthaft geisteskrank.

Mir kam der Gedanke, ihr gar nichts zu geben: „Für zweitausendfünfhundert Mark muss sie bei ihrem Lehrlingsgehalt ein ganzes Jahr arbeiten. Warum kann sie mir nicht danken, statt mich zu beschimpfen? Sie zeigt keine Spur von Dankbarkeit." Was sie machte, war für mich das Werk eines verwöhnten, verhätschelten, verzogenen, albernen, geschmacklosen Kindes.

Am nächsten Morgen legte ich Palina das Geld auf den Tisch, die zweitausendfünfhundert. Ich sagte ihr noch, dass sie abreisen müsse, weil meine Freundin ihre Wohnung wieder brauche. Dann ging ich hinaus. An weiterem Gespräch, womöglich einer Wiederholung dieses Theaters, war mir nicht gelegen. Ich wollte auch nicht, dass Thomas sie so schlecht sah. Ohnehin hatte Thomas wohl genug gesehen.

30. Edi beim Hausbau in Wiesbaden

Es war Mitte '95, als ich ein Haus in Wiesbaden kaufte. Von da aus bot sich ein wunderschönes Panorama, mit schier unendlicher Sicht in grüne Natur. Zu dieser Zeit arbeitete ich hauptsächlich in der Schweiz. Zwischendrin fuhr ich nach Saarbrücken, um meine Schwester und meine Nichte zu besuchen. Zufällig traf ich Edi auf der Straße und wir gingen in ein Café, um uns ein wenig zu unterhalten. Ich erzählte ihm, dass ich in der Schweiz arbeite. Edi war sehr traurig und erzählte mir, dass er keine Arbeit hätte, obwohl er ständig versuche, eine Arbeit zu finden. Er sagte, er habe auch in der Zeitung inseriert, um eine Stelle als Hausmeister zu finden. Außerdem wäre er sogar bereit, als Bügler zu arbeiten, was er früher weder getan noch wovon er geträumt hätte. Ich fragte ihn, wie er diese Arbeiten denn machen wolle, er als Alkoholiker. Edi meinte, dass er nicht mehr so viel trinken könne. Er hätte bereits den zweiten Herzinfarkt hinter sich.

Er beschwerte sich über Palina: „Meine Tochter hilft mir nie! Wenn ich mir von ihr fünf Mark geliehen habe, kratzt sie mir fast die Augen aus, wenn ich ihr das Geld zu spät zurückgebe."

Ich wusste, dass es Edi materiell wirklich schlecht gehen musste, wenn er so viele Tränen investierte. Trotz allen Unrechts, das ich von ihm erfahren hatte, tat Edi mir ehrlich leid. Außerdem hatte ich ihm weitgehend verziehen, da ich den Groll nicht dauernd im Herzen tragen wollte. Ich sagte: „Ich habe vor Kurzem ein Haus gekauft und muss es vollständig renovieren, zum Teil auch sanieren. Ich will in diesem Haus vier Wohnungen unterbringen und drei Balkone anbauen und noch vier Kellerräume ausschachten. Morgen fahre ich nach Wiesbaden zurück, Edi. Wenn du willst, kannst du mitfahren, um die Arbeiter zu kontrollieren während der Bautätigkeiten." Da ich wusste, welches Talent er in handwerklichen Dingen hatte, konnte er die Arbeiter anweisen und beraten. „Pack deine nötigsten Sachen. Schon ab morgen kannst du bei mir im Haus bleiben. Du brauchst nur sieben bis acht Stunden pro Tag die Handwerker zu beaufsichtigen. Dafür kriegst du siebzig, achtzig Mark am Tag.

Natürlich kannst du frei wohnen und essen." Schon seit einigen Jahren vor unserer Scheidung hatte ich mit Edi keinen körperlichen Kontakt mehr gehabt. Dies wäre für mich tabu gewesen. Aber ich dachte, er bleibt für immer der Vater meiner Tochter. Deshalb hielt ich es nicht aus, ihn so arm zu sehen. Damals ahnte ich noch nicht, dass ich den größten Fehler meines Lebens wiederholen würde. Er kam am nächsten Tag mit mir nach Wiesbaden, schaute sich das Haus an und war bereit, ein paar Tage dazubleiben. Er sagte, er wolle mit dem Keller anfangen. Ich kaufte Material und besorgte zwei junge Männer, die ihn unterstützen sollten.

Er selbst konnte nicht mehr schwer tragen. Ich eröffnete ein Konto für ihn, damit ich ihm regelmäßig das nötige Geld schicken konnte, dann fuhr ich in die Schweiz.

Etwa zwei Monate später, als ich wieder in Wiesbaden war, besuchte uns Palina mit ihrem Mann. Ich sagte ihr, dass die untere Etage des Hauses noch frei sei, mit großer Terrasse und unendlich weitem Panoramablick in die herrliche Natur. „Das ist eine traumhafte Zweizimmerwohnung, Palina. Ich habe mir von der Bank ein, zwei Millionen geliehen, die ich zurückzahlen muss. Wenn du willst, kannst du die Wohnung in Mietkauf nehmen. Davon können wir einen Teil der Zinsen bezahlen und später gehört die Wohnung sowieso dir." Sie fragte direkt: „Und was erwartest du dafür von mir? Was muss ich für dich tun?" Ich sagte: „Du bist nicht mehr minderjährig, sondern eine verheiratete junge Frau. Ich erwarte gar nichts mehr von dir, außer dass du die Hausordnung beachtest und meine Nachbarn sehr achtsam behandelst. Ansonsten bist du ein freier Mensch." Palina hatte neben ihrem Auto auch noch ein riesiges Motorrad. So gab ich ihr ein Beispiel: „Wenn du spät nachts mit deinem Motorrad nach Hause kommst, lasse nicht noch mehrmals den Motor aufheulen und rufe nicht schon von der Straße aus deinen Mann." Dieses Gespräch blieb fruchtlos. Zwar wollte sie noch einmal darüber nachdenken, doch sprach sie mich nie mehr darauf an.

Eine Weile lang lief es mit Edi ganz gut. Dann aber kam seine Hinterhältigkeit wieder zum Vorschein. Schon in Saarbrücken hatte er mir gesagt, dass er Asthma hätte und Medikamente brauche, die er auch nach Wiesbaden mitbrachte. Palina erzählte er hingegen, dass er erst in meinem Haus asthmakrank geworden sei, infolge des vielen Staubes, den die Bauarbeiten verursacht hätten. Dabei hatte er in Saarbrücken in einer völlig verqualmten und verstaubten Bude gehaust, ohne jemals auch nur ein Fenster zu öffnen. Er hatte Angst vor Kälte. Mir selbst wurde einmal sterbensübel, als ich ihn besuchte.

Edi hatte bereits damit begonnen, mein Konto zu plündern und das Geld zu veruntreuen. Er versuchte, seine Schuld, immerhin empfand er diese noch, vor Palina reinzuwaschen, indem er ihr die Horrorgeschichte von seinem Asthma erzählte. Er wollte vor seiner Tochter weniger schuldig erscheinen. Dabei hatte ich Palina niemals von seinen Betrügereien erzählt. Diese primitiven Manöver stießen mich nur noch ab! Ich wollte nicht länger darüber reden, solchen Unrat nie mehr in den Mund nehmen.

Übrigens wusste Palina, dass ihr Vater schon in Saarbrücken Asthma hatte. Schließlich hatte sie lange genug mit ihm zusammengelebt. Warum log sie trotzdem vorsätzlich? Sie war doch nicht dumm. Sie musste wissen, dass all ihre Behauptungen falsch waren. Dennoch stritt sie herum wie ein fünfzehnjähriges Teengirl, so, wie sie war, als sie mich verließ.

Sie schob alles auf ihre schuldlose Mutter, als hätte sich ihr Gehirn seit damals nicht mehr weiterentwickelt. Ich fragte mich, ob sie eine posttraumatische Belastungsstörung hätte oder ob ihre Verwirrung in eine andere Richtung ginge. Ererbte Schizophrenie womöglich? Obwohl mich an Edis Asthma objektiv keinerlei Schuld traf, fand Palina meinen empfindlichsten Nerv, dort behielt sie ihren Finger in der Hoffnung, mich in den Wahnsinn zu treiben.

Es war ihre Unwissenheit, die ihr meine „Schuld" einredete. Abgesehen davon, dass Asthma bronchiale nicht nur durch Baustellen hervorgerufen wird, in ihrem Unterbewusstsein suchte Palina einen negativen Vorwand, damit ihr kein schlechtes Gewissen entstand, weil sie mich nicht mehr besuchen wollte.

In späteren Jahren besuchte mich Palina mit ihrem Mann in meiner Wiesbadener Praxis. Ich machte Spaghetti à la Siziliana, die sie sehr gerne aß. Nach diesem Besuch hörte ich etwa ein Jahr nichts mehr von ihr. Als wir uns wieder trafen, fragte ich: „Wir haben uns doch gut verstanden bei deinem letzten Besuch. Warum hast du so lange nichts von dir hören lassen?"

Sie beschuldigte mich, ihr irgendwelche indischen Kräuter ins Essen gemischt zu haben, um ihr Chakra zu öffnen. Ich sagte: „Weißt du überhaupt, was ein Chakra ist? Warum schaust du nicht einfach mal ins Internet? Ein Chakra öffne ich nur, wenn ein Patient es mir ausdrücklich erlaubt. Außerdem dauert ein solcher Vorgang einen ganzen Tag. Ich müsste das Chakra vier Mal öffnen, was jedes Mal eine halbe bis dreiviertel Stunde dauert. Außerdem müsste mich der Patient auch dafür bezahlen. Hast du mich überhaupt dafür bezahlt, dass ich dein Chakra öffne? Wenn du mir nicht vertrauen kannst, hat alles keinen Wert mehr." Palina sagte nichts mehr.

31. Palinas Hochzeit

Es war Dezember. Ich war in Saarbrücken zu Besuch bei meiner Schwester und ihrem Mann. Von dort aus rief ich Palina an, ob sie nicht zu uns kommen wolle. Doch Palina erzählte mir von ihren frischen Heiratsplänen: „Ich und Thomas haben uns im Dezember kennengelernt und wir wollen in Kürze heiraten. Ihr habt noch etwas mehr als eine Woche Zeit, um euch darauf vorzubereiten."

Ich sagte voller Freude: „Oh, mein Baby heiratet! Ich freue mich und gratuliere dir. Ich helfe dir natürlich. Komm jetzt zu uns und sage mir, was du dir wünschst." Palina war über meine Reaktion sehr erstaunt. Sie sagte: „Ich hatte gedacht, du wärst mit meiner Heirat nicht einverstanden und würdest mir nicht helfen wollen. Ich stelle mir vor, dass du meinen Freund nicht mögen wirst."

„Warum denkst du immer negativ, Palina? Du lebst noch immer in der Vergangenheit. Bitte denke in Zukunft positiv! Ich habe immer versucht, deine Wünsche zu erfüllen. Hast du jemals etwas anderes erlebt? Am besten treffen wir uns gleich morgen und besorgen das Hochzeitskleid." Meine Schwester und ihr Mann, die unser Gespräch mitbekommen hatten, reservierten direkt danach einen großen Saal in einem tollen Lokal.

Am nächsten Tag traf ich Palina in der Stadt. Wir gingen zu einer speziellen Brautmoden-Boutique und suchten gemeinsam ein wunderschönes Brautkleid für sie aus, mit Schleier und dazugehörigem Schmuck. In anderen Geschäften kauften wir noch Tasche und Schuhe. Palina erzählte mir, dass ihr Bräutigam von seinem Vater ein kleines Haus geschenkt bekommen hätte. Das Geschenk war einzig mit der Auflage verbunden, dass der Vater eine kleine Wohnung selbst behalten wollte, für die er lebenslanges Wohnrecht beanspruchte. Ich freute mich und sagte ihr: „Ich habe mir gerade ein neues Schlafzimmer gekauft, das ich selbst nicht nutzen kann. Das schenke ich dir und kaufe dir auch noch eine komplette, neue Küche. Wenn ich nach Wiesbaden zurückfahre, dann fahre ich über Kaiserslautern zu Möbel Martin und bestelle dort deine Küche."

Als wir das Brautkleid gekauft hatten, ging ich wieder zu meiner Schwester. Dort sprachen wir über die Gästeliste. Ich rief Edi an sagte ihm: „Du weißt, dass Palina heiratet. Dafür sammeln wir Geld. Wenn du willst, kannst du was dazugeben. Palina hat vor, ihr Haus einzurichten."

Er sagte: „Ohne mich! Ich bin mit diesem Jungen nicht einverstanden." „Warum, Edi? Er ist doch ein guter Mensch. Außerdem muss er uns nicht gefallen. Hauptsache, er liebt Palina und tut alles für sie." Edi urteilte gnadenlos: „Er ist Brillenträger. Er hat einen Sehfehler." Dabei hatte auch unsere Tochter seit ihrem zehnten Lebensjahr einen Sehfehler, nämlich astigmatische Augen. Ich hatte ihr zwei wunderschöne Brillen gekauft, die sie zwar selbst ausgesucht, aber nie aufgesetzt hatte. In gesundheitlichen Fragen war Palina immer sehr unvernünftig. Lieber verdrängte sie ihre Probleme und nahm gesundheitliche Nachteile in Kauf, als dass sie Maßnahmen akzeptierte, die ihr Aussehen beeinträchtigten. Ich habe sie mal von der Schule abgeholt, dabei sah ich, dass sie ihre Brille nicht aufhatte. Sie setzte sie eben nur auf, solange ich dabei war. Desgleichen verhielt es sich mit ihrem Schulranzen. Ich kaufte beim ADAC den besten und teuersten Schulranzen, medizinisch getestet. Der sollte Palinas leicht verformte Wirbelsäule entlasten und hätte es vielleicht auch getan. Allerdings musste diese Schultasche, nach den Regeln der Körpersymmetrie, natürlich auf dem Rücken getragen werden, was Palinas Eitelkeit nicht ertrug. Ihr damaliges Fernseh-Idol, ein amerikanischer Sänger namens Bross, der offenbar keine Rückenprobleme kannte, trug seine Schultasche nämlich einseitig, weshalb Palina jede uncoole Verwendung ihrer Schultasche vollständig ablehnte. Auch wenn ich es hundertmal anmahnte, trug sie ihre Schultasche nur in meiner Anwesenheit auf dem Rücken; wenn sie alleine war, natürlich einseitig. Palina hatte eine Elektro-Zahnbürste mit eigener Munddusche. Trotzdem aber wollte sie, wie übrigens auch ihr Vater, nie ihre Zähne putzen. Um Palinas Zahnpflege gab es immer heftige Kämpfe und das Ergebnis blieb nicht aus: Trotz ihrer Jugend waren bereits vier ihrer Haupt-Zähne plombiert.

Lachend sagte ich zu Edi: „Bitte lass' mich keine Liste von den körperlichen Nachteilen aufstellen, die unsere Palina in die Ehe einbringt. Sie sieht schlecht, hat Rückenprobleme und vier schlechte Zähne. Aber was soll das alles? Für mich zählen einzig charakterliche Qualitäten, keine körperlichen Mängel." Diese Worte gebrauchte ich, um Edi auf humorvolle Art zu beruhigen.

Nun ging es um die Hochzeitsgeschenke. Wollte sich Edi an einer gemeinsamen Geschenk-Aktion beteiligen, womöglich etwas Geld dazu beitragen? Doch Edis Großzügigkeit nahm ihre eigene Richtung: „Ich habe noch einen großen Staubsauger von unserer früheren Gastronomie. Den mache ich sauber, bis er wie neu aussieht, und den schenke ich Palina. Lasst mich aus eurem Programm raus."

Mittlerweile hatte Edi bei einem persischen Literatur- und Poesie-Abend eine iranische Frau kennengelernt, die mit ihrem Sohn seit einigen Jahren in Deutschland lebte. Sie hatte Probleme mit ihrer Aufenthaltserlaubnis und sollte eventuell Deutschland verlassen. Da Edi deutscher Staatsbürger war, hatte er sie geheiratet, damit sie ihr Problem loswürde.

Einmal kam mein Ex-Schwager aus dem Iran nach Saarbrücken, um seine Kinder zu besuchen. Er saß mit mir und Edi in einem Saarbrücker Restaurant. In seinem Beisein fragte mich Edi, ob er diese Frau heiraten dürfe. Wollte er wirklich meine Erlaubnis? Ich lächelte: „Besser diese Frau hat tausend Probleme mit der deutschen Polizei, bevor sie sich auch nur ein Mal mit einem Dämon abgibt. Aber wenn ihr auf diesem Wege glücklich werdet, habe ich dazu nichts mehr zu sagen. Hauptsache, ich bin seit Jahren von dir befreit." Natürlich standen auch Edi und seine neue Frau auf Palinas Gästeliste. Komischerweise stand aber auch die frühere Lebensgefährtin von Edi auf der Liste. Meine Schwester fragte Palina: „Ist das wirklich klug? Dein Vater ist zum fünften Mal verheiratet, kommt jetzt mit einer neuen Frau zu deiner Hochzeit und will dann auch noch seine frühere Freundin mitbringen. Hast du mal an deine Mutter gedacht? Sie ist auch da, was ist das für eine Art, dass du auch diese Frau noch einlädst?" Statt meiner Schwester zu antworten, schaute Palina mich an und sagte: „Diese Frau hat für mich sechs Jahre lang gekocht und geputzt." Nachdem ich Palina lange in die Augen gesehen hatte, verließ ich ohne ein weiteres Wort den Raum. Ich klammerte mich an den einzigen Trost: Ich habe ein sehr krankes Kind. Mein Kind ist nicht böse. Mit diesem Satz hatte Palina versucht, wieder einmal ihren Finger auf meinen Nerv zu legen, damit ich in die Luft gehen würde. Meine Schwester fragte später: „Warum bist du weggegangen?" „Weil ich noch immer nicht glauben kann, dass mein Kind so krank ist. Ich helfe und bereite für ihre Hochzeit alles vor, doch sie provoziert mich trotzdem mit vollem Bewusstsein. Noch dazu auf so extreme Weise. Ihre Oma und ich haben fünfzehn Jahre lang für sie gesorgt, ihre Windeln gewaschen. Wieso ruft sie noch nicht einmal bei Oma an und fragt, wie es ihr geht? Seit Palina uns verlassen hat, ist ihre Oma todkrank. Was hat sie mit dem zu tun, was Palina mir vorwirft?" Meine Mutter war die beste und liebste Dienerin der Welt. Wie konnte Edis frühere Freundin sechs Jahre lang für Palina gekocht und geputzt haben? In Wahrheit war Palina doch nur drei Jahre bei ihrem Vater. Sie verdoppelte einfach diese Zeit. Das alles konnte ich ihr aber nicht sagen. Mir hätte es den Hals zugeschnürt, auf so dummes Zeug antworten zu müssen. Damals, nachdem Palina aus Edis Wohnung abgehauen war, rief er mich an und erzählte mir voller Empörung, dass sie seit einigen Nächten nicht nach Hause gekommen sei und dass sie mit einem Jungen eine gemeinsame Wohnung gemietet hätte. Ich sagte Edi: „Was erwartest du sonst? Du warst Palinas Guru und hast sie dämonisch beeinflusst, sie dazu gebracht, ihre gute Mutter zu verlassen. Nun erntest du, was du gesät hast." Trotz allem half ich Palina bei ihren Vorbereitungen, denn ich halte immer mein Wort. Doch ich wollte nicht zur Hochzeit gehen, denn ich hatte keine Lust auf irgendwelche primitiven Gespräche mit Edis ehemaliger Lebensgefährtin. Sie kam aus der Unterschicht und wirkte auf mich sehr dumm. Edi nannte sie hinter ihrem Rücken einen Furz, ich solle mir keine Gedanken machen. Als meine Tochter damals bei Edi war, rief ich dort an und sprach mit dieser Frau. Ich erwartete von ihr Verständnis, war sie doch selbst Mutter eines Kindes.

Doch sie tat nichts, um zwischen Palina und mir zu vermitteln. Stattdessen missbrauchte sie mein Vertrauen, indem sie eine Bandaufnahme von unserem Gespräch machte und dieses später dem Familienrichter übergab, was natürlich ungesetzlich ist. Ich ging dann aber doch zur Hochzeit. Meine Schwester hatte Palina angerufen und ihr ins Gewissen geredet, es sei nicht schön, was sie mit ihrer Mutter mache, und ich konnte zur Hochzeit gehen.

Alle Hochzeitsvorbereitungen liefen gut und zügig. Ich war zwischenzeitlich in Wiesbaden und kam einen Tag vor der Hochzeit wieder nach Saarbrücken. Meine Schwester und ich schminkten und frisierten die Braut, während mein Schwager den Brautwagen mit Blumen schmückte.

Endlich waren wir alle im Hochzeitssaal. Wegen Unstimmigkeiten war ein großer Teil von Thomas' Familie nicht gekommen. Sie wollten einander nicht sehen. Nur sein engerer Familienkreis hatte sich eingefunden. Mein Platz war gegenüber Edi und seiner neuen Frau. Sie war nett und höflich und wir unterhielten und verstanden uns gut. Wir hatten auch viel Spaß zusammen und lachten häufig. Insgesamt verlief alles normal und flüssig. Ich war sehr froh, dass Edi seinen Alkoholspiegel unter Kontrolle hatte und offenbar keine Konflikte geplant oder Probleme vorbereitet hatte.

Wahrscheinlich hatte ihn unsere Tochter bedrängt, dass er sich gut benehmen solle. Er musste sich auch vor seiner neuen Frau gut präsentieren. In meinen Hintergedanken betete ich, dass es bei dieser guten Stimmung bleiben würde und nicht doch noch Probleme entstünden. Wir versuchten, mit unseren Gedanken nicht in die Vergangenheit zu reisen, sondern nur in die Zukunft zu schauen. Wenn Edi einen Satz sprach, der irgendeine negative Aussage zur Zukunft enthielt, versuchten Edis neue Frau und ich diese Äußerung humorvoll abzumildern. Etwa gegen vier Uhr morgens waren einige der Gäste stark alkoholisiert und sie begannen, heftig zu diskutieren, über Politik und sonstige unwichtige Themen. Mir gelang es, meinen Familienteil aus diesen Unstimmigkeiten herauszuhalten, indem wir uns freundlich verabschiedeten. Dem Wirt des Lokals gab ich heiter zu verstehen, er könne wohl bald Feierabend machen.

32. Royas Story

Von 2000 bis 2010 betrieb ich eine spirituelle Heilpraxis in Wiesbaden für Reiki- und Energie-Therapie, ein Meditationszentrum für vierzehn Mitglieder und etwa fünfzig Gäste. Zweimal in der Woche hielten wir Zusammenkünfte ab zum Erlernen von Spiritualität und Philosophie. An einem weiteren Abend in der Woche wurde gesungen und meditiert.

Durch die Krankheit meiner jüngeren Schwester Lili, sie bekam überraschend Krebs, kam ich zum Reiki, weil ich neben der normalen Medizin einen alternativen Weg suchte. In meiner Praxis hatte ich täglich mit Patienten zu tun und mir eine umfangreiche Erfahrung erworben.

Mich erreichte ein Anruf aus dem Iran. Edis Schwiegersohn erzählte, seine Frau Roya litte unter Schizophrenie und hätte Halluzinationen. Eine riesige Spinne, über zwei Meter groß, kröche im Zimmer herum und wolle sie umbringen. Roya konnte die Wohnung nicht mehr verlassen und brauchte ständige Betreuung. Sie wurde mit Elektroschocks behandelt. Nun sollte ich also heilend eingreifen. Ich antwortete: „Für Heilung kann ich nicht garantieren, doch ich kann ihren Zustand deutlich verbessern. Ich habe schon mit vielen Patienten gearbeitet und wesentliche Verbesserungen erzielt."

Wenngleich unbewusst log Roya so häufig, dass niemand mehr wusste, wann sie die Wahrheit sagte. Sie war der Macht ihrer Wünsche so hilflos ausgeliefert, dass sie sich schließlich einbildete, diese seien bereits in Erfüllung gegangen.

So hatte eine ihrer Töchter bereits eine große Karriere gemacht, als sie sich in Wahrheit noch im Vorstudium befand.

Roya erzählte also ihre Geschichten, die bei späterer Betrachtung nicht stimmten, sondern nur erfundene, dafür aber feste Überzeugungen ihrer Gedanken waren.

Royas Mann: „Roya soll keine Elektroschocks bekommen. Ich will, dass sie zu dir nach Deutschland kommt und du versuchst, ob du was für sie machen kannst. Was kostet das ungefähr?" Ich sagte ihm, dass Roya und ihre Schwester, als sie noch Kinder waren, mal zwei, mal drei Monate bei mir gewohnt hätten und sie mir dabei ans Herz gewachsen wären. „Roya ist mir wie eine Tochter", sagte ich, „sie braucht mir kein Geld für die Unterkunft zu bezahlen. Wenn ich mit ihr beim Arzt war, muss ich sehen, wie es weitergeht." Er sagte: „Sie braucht eine offizielle Einladung von dir, damit sie vom deutschen Konsulat in Teheran ein Visum bekommt. Das ist eine sehr schwierige Prozedur."

„Okay", sagte ich, „gebt mir ein paar Tage Zeit, ich rufe euch an."

In einem eilig aufgesetzten Brief teilte ich dem deutschen Konsulat in Teheran mit, dass Roya schon mehrfach bei mir in Deutschland gewesen sei, dass sie bei mir eine Therapie machen und ihren Vater besuchen wolle. Diese Begründungen schickte ich, zusammen mit der nötigen Einladung, an das Konsulat.

Roya kam nach Deutschland und ich empfing sie direkt am Flugzeug. Sie hatte eine große Tüte mit Medikamenten bei sich und eine Flasche Wasser. Bereits der erste Blick in ihre Augen bestätigte mir ihre schwere geistige Erkrankung. Wir kamen in meine Wiesbadener Praxis, in der ich auch wohnte. Nachdem Roya sich vom Flug erholt hatte, nahm ich sie mit ins Meditationszimmer, stellte einen Stuhl vor das Bild meines philosophischen Gurus und ließ sie vor seinem Angesicht Platz nehmen. Sie sagte sofort: „Ich kenne diesen Mann! Er ist die fünftmächtigste Person dieser Welt und er ist ein Heiler." Ich ließ sie die Augen schließen und begann mit meiner Reiki-Therapie. Nach einer Weile, schon bevor ich fertig war, hing Royas Kopf völlig entspannt herunter, als befände sie sich im Tiefschlaf. Sie war sehr dick und schwer, trotzdem hob ich sie vom Stuhl, legte sie sanft zu Boden und deckte sie zu. Es war schon fast dunkel, als die Therapiesitzung beendet war. Da ich Roya nicht aufwecken wollte, ging ich in ein anderes Zimmer, um zu lesen. Nach längerer Zeit kam sie zu mir und rief: „Ich bin geheilt! Ich bin geheilt! Warum hast du das Licht angemacht, damit ich wach werde?" Ich sagte: „Ich habe überhaupt kein Licht angemacht. Ich habe die ganze Zeit hier im Zimmer gesessen und gelesen." Roya war verzückt: „Ich habe ein ganz großes, helles Licht gesehen, überall war Licht! Und ich weiß, dass ich nun geheilt bin." Am nächsten Morgen nahm ich sie mit zum Schwimmen, zur Taunus-Therme in Bad Homburg. Es sollte ein Tagesurlaub sein, um sie von der Reisemüdigkeit wegzubringen und ihr eine andere Welt zu zeigen. Nachdem wir etwa eine Stunde geschwommen hatten, führte ich Roya in die „Sauna-Welt" in der oberen Etage. Ich sagte ihr: „Wir ziehen uns jetzt völlig aus, aber du bekommst ein Handtuch, um dich zu bedecken. Wir müssen das so machen, die Leute hier sind alle nackt." Zu dieser Zeit war Roya etwa vierzig Jahre alt. In ihrer Kindheit hatte ich sie ein paar Mal in die Taunus-Therme mitgenommen, aber natürlich nicht in die Sauna-Welt. Damals war die Taunus-Therme für mich das schönste und romantischste Bad Deutschlands, ein beinahe spiritueller Ort mit einer besonderen Heil-Atmosphäre. Wir beide wickelten uns in große Handtücher und gingen nach oben zur Sauna. Noch nie zuvor in ihrem Leben hatte Roya fremde Menschen nackt gesehen, dazu noch so viele. Sie bekam einen Schock, einen positiven jedoch, heilsamer sicherlich als die geplanten Elektroschocks. Wir blieben fast den ganzen Tag in der Therme und machten alle Programme mit, darunter Sonnenbad, energetische Steine, Aufguss-Sauna mit Klangschalen usw. Roya war völlig begeistert. Mitunter ließ ich sie für etwa zwanzig Minuten allein, um ihr Freiraum zu lassen, wobei ich sie natürlich diskret beobachtete. Am späten Nachmittag sah ich sie mit einem charmanten, etwas älteren Mann am Becken sitzen. Sie amüsierte sich offensichtlich und er hatte seine Hand auf ihre Schulter gelegt. Ich fragte sie, ob sie gehen wolle oder lieber noch bleiben. Sie sagte: „Lass uns noch eine Stunde bleiben, dann können wir gehen." Obwohl sie kaum Deutsch sprach, sie konnte lediglich etwas Englisch, sprach Roya sehr angeregt mit dem Mann, der von ihr sichtlich begeistert war. Schließlich war dieser schöne Tag vorbei und wir fuhren zu mir nach Hause. Unterwegs schwärmte sie ausgiebig von dem tollen Erlebnis. Man sah Roya deutlich an, wie sehr dieser herrliche Tag sie verändert hatte. Ich fragte vorsichtig: „Meinst du selbst, dass du jetzt noch deine Tabletten brauchst?" Roya wehrte ab: „Nein, nein! Ich bin seit gestern geheilt und brauche keine Tabletten mehr." Ihre Augen waren viel friedvoller und sauberer als bei ihrer gestrigen Ankunft. Gestern hatte ich in ihren Augen noch einen Nebel gesehen. Dieser Nebel hatte sich nun verzogen. Von Natur besaß Roya ein engelhaft schönes Gesicht, das die Krankheit jedoch entstellt hatte. Jetzt aber war ihr Gesicht sanfter geworden. Zu Hause schliefen wir erst einmal, doch weil Samstag war, schlug ich vor: „Wenn du Lust hast, gehen wir in eine persische Disco." Sofort bemerkte ich ihre Vorfreude. So tanzten wir ausgelassen im „Atlas", einer Wiesbadener Disco, bis wir um sechs Uhr morgens ehrenvoll verabschiedet wurden. Roya war nur knapp über eins sechzig groß, jedoch über neunzig Kilo schwer. Ich sagte: „Ab heute tun wir etwas für deine Figur, damit du abnehmen kannst." Ich kochte für sie Entwässerungstee, besorgte ihr pflanzliche Tabletten und begann mit ihr eine spezielle Ernährungskur. Sie folgte begeistert dieser Diät und ich sagte ihr, dass sie viel Bewegung brauche, schwimmen, laufen, tanzen. Sie hatte die Gewohnheit, bis zwölf, manchmal bis vierzehn Uhr zu schlafen. Mein Plan war, ihre Welt auf den Kopf zu stellen, sie mit neuen Programmen so stark zu beschäftigen, bis sie ihre Krankheit vergessen würde. Ich halte es für die beste Therapie, wenn ein Mensch genügend passende Aufgaben findet. So verging eine erfolgreiche erste Woche und Roya wirkte längst nicht mehr krank, sondern schien zufrieden mit ihrem neuen Leben. Am nächsten Wochenende machten wir einen Kurs für Magen- und Darmreinigung. Ich gab ihr drei Tage lang eine besondere Weißkohlsuppe, von der sie fünf Kilo abnahm, obwohl sie beliebig viel davon essen durfte. Roya war im siebten Himmel, sie brauchte ihre alten Medikamente nicht mehr. Sie sagte: „Ich hätte nie geglaubt, dass ich derart abnehmen könnte und noch einmal eine Mutter." Dabei war auch Roya Mutter, meine Ex-Freundin, eine gute

Mutter. In der zweiten Woche hatte Roya bereits zehn Kilo abgenommen. Ich sagte: „Wenn du meinem Rat weiter folgst und noch mehr abnimmst, kannst du bei mir bleiben. Du kannst mir in der Praxis helfen, Reiki und hawaiijanische Energie-Massage lernen. Wenn du Geld verdienst, kannst du in Deutschland bleiben." Sie freute sich sehr. Ich wusste auch, dass Roya gern malte. Ich sagte: „Du musst erst mal ein bisschen Deutsch lernen. Ich schicke dich auf eine deutsche Sprachschule, danach kannst du zeichnen lernen."

Schon am Montag meldete ich Roya in einer Sprachschule an. Ein Bekannter von mir, der auch zur Sprachschule ging, begleitete auf meine Bitte hin Roya auf ihrer täglichen Busfahrt, um sie unauffällig zu betreuen.

So vergingen drei Wochen und Roya zeigte noch immer kein Verlangen nach ihren Medikamenten. Wir besuchten wöchentlich die Taunus-Therme, gingen öfter joggen und waren noch ein paar Mal im „Atlas", um kräftig abzutanzen.

Leider rauchte Roya noch immer. Ich versuchte, es ihr auszureden: „Ich lebe hier in meiner Praxis und den Meditationsräumen. Hier darf nicht geraucht werden. Was sollen die Patienten denken, wenn es hier nach Rauch riecht? Spirituelle Menschen dürften sich grundsätzlich an nichts binden. Weder an Konsum noch an Rauschgift. Nicht einmal an eine Jeanshose von Levis, ein Parfüm von Channel oder ein Gemälde von Salvatore Dali, geschweige denn an Tabak."

„Bitte lass mich wenigstens zwei oder drei Zigaretten am Tag rauchen", bat Roya, „sonst halte ich es nicht aus."

Zu meiner Praxis gehörte auch ein kleiner Garten. Ich sagte: „Du kannst zum Rauchen in den Garten gehen, aber kein Mensch darf dich sehen."

Ich kaufte Roya neue Kleider, damit wir ausgehen konnten. Sie selbst hatte nichts Passendes dabei. Am dritten Wochenende besuchte ich ein spirituelles Seminar im Schloss Breuberg.

Da ich Roya nicht allein in meiner Praxis lassen konnte, nahm ich sie mit. Sie konnte mich zwar nicht in die Seminare begleiten, doch konnte sie sich in den übrigen Räumen frei bewegen, neue Leute kennenlernen und mit uns essen und trinken. Es waren hundertdreißig Teilnehmer in diesem Seminar. Früh am Morgen, bereits um sechs Uhr, trafen wir uns für eine Stunde und sangen gemeinsam spirituelle Lieder, die bei Roya starke Emotionen zum Vorschein brachten. Bewusst leise fragte ich: „Warum weinst du, meine Liebe? Bist du traurig?"

„Nein, ich bin nicht traurig. Ich bin sogar glücklich. Warum ich weine, weiß ich nicht, aber ich kann meine Tränen kaum zurückhalten."

Nun war ich sicher, dass die heilsame Energie bei ihr wirkte. Sie war auf einem guten Weg. Diese Wochenendreise, mit allem, was wir zusammen machten, tat Roya sehr gut. Doch noch immer hatte sie einen starken Drang nach ihren Zigaretten. Wie ich in Erfahrung brachte, rauchte sie auch auf dem Weg zur Sprachschule ziemlich intensiv. Da sie kein Geld hatte, ging sie in die Kleiderkammer, stahl aus meiner Tasche Geld und kaufte dafür Zigaretten. Mit Liebe versuchte ich, sie zu überreden, mit dem Rauchen aufzuhören, da sie sich damit schade. Sie hingegen erklärte mir wortreich, dass Rauchen überaus gesund sei, sogar von vielen Ärzten empfohlen, weil es die Bakterien im Körper abtöte.

Ich musste lachen, denn obwohl Roya Lügen erzählte, trug sie diverse sehr charmant vor. Ich erinnerte mich an Edis Worte, der seine Trunksucht damit rechtfertigte, dass Alkohol sehr gesund sei, da er den Körper konserviere wie die Präparate in einem Labor.

Zwei Mal bemerkte ich, wie Roya mich anlog.

Sie hatte eine neunzehnjährige Tochter, die gerade erst ihr Abitur hatte. Ich selbst hatte bereits mit dieser Tochter telefoniert. Wie ich von ihr wusste, war sie im College, einer Vorstufe zum Studium an der Universität.

Roya wusste nichts von diesem Gespräch und erzählte mir eines Morgens, ihre Tochter hätte ihr Universitätsstudium längst abgeschlossen, sei bei einer großen Firma beschäftigt und verdiene viel Geld, da sie ihr Studium als Jahrgangsbeste abgeschlossen hätte.

Roya log so glaubhaft, dass ich fragte: „Welche Tochter meinst du? Hast du zwei Töchter?"

Sie sagte: „Nein, ich habe nur eine Tochter, neunzehn Jahre alt."

Ich sagte: „Dann ist doch alles keine Wahrheit. Ich habe doch mit deiner Tochter telefoniert. Sie ist gerade erst im Vorstudium. Wie kannst du so etwas erzählen?"

Roya klang völlig glaubhaft, als sie beteuerte: „Nein, wirklich, was ich sage, stimmt! Du kannst selbst anrufen, die Verwandten, die Firma, wen du willst."

Ihre Augen, ihr Gesicht und ihre Worte spiegelten völlige Glaubhaftigkeit. Daran erkannte ich, wie krank sie war. Es war ihr selbst nicht bewusst, wie sehr sie log.

Aus psychologischen Büchern wusste ich, wie sehr sich Geisteskranke in eine eingebildete Rolle hineinsteigerten und diese schließlich als Tatsache wahrnahmen. Wer diese Vorstellung stört, wird als Feind wahrgenommen, wie ich in diesem Moment Royas Feindin war, entsprechend ihrer Sicht.

Ihre Tante hatte jahrelang in Los Angeles gelebt, dort studiert und nebenbei gemalt. Sie war tatsächlich eine gute Malerin, deren Bilder viele internationale Ausstellungen zierten.

Wie mir Roya stundenlang vorschwärmte, hatte ihre Tante auch schon in Teheran ausgestellt. Sie selbst, Roya, habe diese Ausstellung organisiert und die Gemälde ihrer Tante erfolgreich präsentiert, wodurch etliche Bilder sehr einträglich verkauft worden seien.

All das erzählte Roya mit höchster Glaubwürdigkeit.

Doch in einem zufälligen Gespräch mit Royas Schwester, die über diese Geschichte ausgiebig lachte, erfuhr ich, dass Roya völlig arbeitsunfähig war, nicht einmal das Haus verlassen durfte und diese Präsentation unmöglich hätte durchführen können.

Dazu kam noch, dass diese Ausstellung niemals stattgefunden hatte.

Spätestens nach dieser zweiten Lügengeschichte wurde mir klar, wie dringend ich Roya zu einem Psychiater bringen musste. Der Rat einer Fachperson war nötig, um herauszufinden, ob Roya wirklich noch weiter ohne Medikamente leben sollte.

Ich brachte Roya zur Peseschkian-Stiftung, dem größten Psychologie-Zentrum Deutschlands.

Dr. Peseschkian jr. selbst hatte Zeit und sprach eine Stunde mit uns. Wir sprachen Deutsch, weil Roya nicht alles verstehen sollte, und ich erzählte die ganze Geschichte, auch die von meiner Behandlung und von den beiden Lügen Royas. Ich wollte von Dr. Peseschkian Rat, ob sie weiter Medikamente nehmen sollte, trotz der erfolgreichen Behandlung, die sie durch mich erfahren hatte. Dr. Peseschkian schrieb auf einen Zettel „Schizophrenie" und gab mir diesen Zettel in die Hand. Er sagte: „Leider dient unsere Stiftung ausschließlich zu Lehrzwecken, wir unterhalten keine Praxis." Jedoch verständigte Dr. Peseschkian einen Kollegen und vermittelte uns bei diesem einen schnellen Termin, um noch eine zweite Meinung einzuholen.

Ich folgte dieser Empfehlung und wir gingen zu diesem Psychologen. Er versicherte mir zunächst, dass es ein Wunder sei, welche Verbesserung meine Kuren bei Roya erzielt hätten.

Ich erzählte ihm, dass sie seit einem Monat keine Tabletten mehr genommen hätte, und wollte wissen, wie ich weiter vorgehen sollte.

Er sagte: „Machen Sie erst mal ohne Medikamente weiter, aber bleiben Sie Tag und Nacht wachsam! Schon beim geringsten Anzeichen einer Schizophrenie müssen Sie auf der Stelle handeln. Wenn sie unruhig wird, plötzlich hin und her läuft oder einen starren Gesichtsausdruck bekommt, ist höchste Vorsicht angebracht. In diesem Falle besteht Selbstmordgefahr. Solche Zustände führen dazu, dass sich Patienten von einem Hochhaus stürzen oder anderen Menschen gefährlich werden. Hier bedarf es der schnellen Hilfe durch einen Facharzt. In zwei Wochen sehen wir uns wieder."

Nach Ablauf dieser zwei Wochen suchten wir den Arzt erneut auf. Passiert war inzwischen nichts, abgesehen von den tollen Fortschritten, die Roya immer noch machte. Nur rauchte sie weiterhin. Doch noch ein weiteres Problem zeichnete sich ab.

Jedes Mal, wenn Royas Mann anrief, so alle zwei bis drei Tage, war sie für längere Zeit traurig und weinte. Ich bat ihn, nicht mehr so oft anzurufen, weil sie jetzt in einer anderen Welt lebe. Seine Anrufe würden sie unnötig aus dieser Welt herausreißen und zu Störungen der Therapie führen, wodurch auch ihr Weinen kam. Nachdem sechs Wochen vorbei waren, hatte Roya fast zwanzig Kilo abgenommen. Sie lernte Deutsch und alles lief gut.

Ein paar Tage nach dem zweiten Arztbesuch rief wieder ihr Mann an: „Ich muss unbedingt mit Roya reden." Sie sprachen etwa eine Stunde und Roya weinte die ganze Zeit. Ihr Mann sagte: „Wenn du in Deutschland bleiben willst, bin ich einverstanden. Ich bin bereit, mich scheiden zu lassen. Wenn es so weit ist, schicke ich dir die Papiere und 8000 Mark, damit du Geld hast und bei Linda bleiben kannst. Aber ich habe dich lieb und einen Monat nach der Scheidung komme ich nach Deutschland. Wir treffen uns dann bei Linda oder bei deiner Freundin in Holland. Und dann sehen wir uns ganz oft."

In Wirklichkeit wollte Royas Mann einfach nur die Situation ausnutzen, um nach Deutschland zu kommen. Ich sollte ihm eine offizielle Einladung schicken, damit er die Genehmigung erhalten konnte, die er für die Einreise nach Deutschland brauchte. Mit Sicherheit würde er dann für immer hierbleiben.

Auf einmal sah ich, wie sich in Roya eine Veränderung vollzog. Sie fragte mich: „Kannst du mir bitte die Nummer meines Vaters geben? Ich muss dringend mit ihm reden."

Bevor Roya nach Deutschland kam, hatte ich ihren Vater gebeten, ihr die nötige Einladung zu schicken. Er hatte es abgelehnt, ihr zu helfen: „Ich bin selbst krank, ich kann es mir nicht leisten, auf eine Schizophreniekranke aufzupassen."

Ich hatte versucht, ihn zu überzeugen: „Du brauchst Roya nicht zu betreuen, sie kommt zu mir. Bitte, Edi, Roya ist deine Tochter. Du musst ihr helfen! Du brauchst lediglich die Einladung zu schicken. Du schreibst der Behörde einfach nur, dass du sterbenskrank bist und deine Tochter noch einmal sehen willst. Dann bekommt sie sofort das Visum."

Ich wollte Roya unbedingt helfen und hatte große Hoffnung, sie entweder zu heilen oder ihre Krankheit weitgehend zu lindern. Doch Edi schimpfte nur und weigerte sich, den Brief zu schreiben. Er ließ nicht einmal zu, dass Palina es machte. Ich erklärte ihn für verrückt, doch ich überlegte, wie ich es machen sollte. Mir kam die Lösung: Ich schrieb der Behörde, dass mein ehemaliger Mann sehr krank sei, nicht mehr fähig, selber zu schreiben, und er seine Tochter ein letztes Mal sehen wolle. Daraufhin erhielt Roya ein Express-Visum.

Zunächst entsetzte es mich, dass Edi für seine eigene Tochter diesen Brief nicht schreiben wollte. Ein paar Monate später jedoch, als ich das Puzzle in meinem Kopf zusammengesetzt hatte, begriff ich, worum es eigentlich ging. Edi hatte schlicht Angst, ich könne von Royas Schizophrenie erfahren. Warum wohl? Er wusste genug über Schizophrenie, auch wie sie vererbt wird. Indem ich seine Tochter Roya kennenlernte, die schizophren war, musste ich zwangsläufig darauf kommen, dass er auch unserer gemeinsamen Tochter Palina diese Krankheit vererbt hatte. Edi hatte extra Palina angerufen und gesagt, weder sie noch ihr Mann

Thomas sollten eine Einladung für Roya schicken, auf keinen Fall.

Als ich Palina um dieses Schreiben bat, lehnte sie meine Bitte ab. Ihr Vater habe gesagt, sie solle es nicht tun. Damals war mir unbegreiflich, warum Edi, der doch Royas Vater war, keine Einladung schickte, obwohl er doch weder Kosten hatte, noch sie selbst beherbergen sollte.

Diese Vorgänge waren mir ein Rätsel, das ich erst später auflösen konnte.

Nun war Roya jedoch bei mir, aller Intrigen zum Trotz. Ich rief also Edi an, mutete ihm zu, mit seiner Tochter Roya zu sprechen, und überließ diese ihrem zweifelhaften Segen.

Etwa eine Stunde später sprach Roya mit ihrem Vater, erzählte ihm von ihrem Scheidungsproblem, dass sie längst wieder gesund sei, in Deutschland bleiben wolle und seinen Rat brauche, was sie jetzt machen solle.

Es war Edis misstrauischer Dämon, der seiner Tochter den Rat gab, „am besten gleich morgen" nach Teheran zurückzufliegen, um bei der Scheidung anwesend zu sein, ihre Rechte einzufordern und zu verhindern, dass ihr Mann falsche Aussagen machte. „Er will dich reinlegen."

Ich schimpfte mit Edi: „Was gibst du für dumme Ratschläge? Er schickt ihr Geld, sie ist im Moment gesund und du willst alles kaputt machen, indem du sie in diese Hölle zurückschickst." Doch an diesem Abend verwandelte sich Roya in Edi, sie lief ständig den Korridor auf und ab, hatte ein blasses Gesicht, starrende Augen, und obwohl meine Wohnung warm war, zog sie ihren Mantel an und sagte: „Ich muss einen Spaziergang machen." Mir blieb nichts, als sie in dem Arm zu nehmen, sie zu küssen und zu beruhigen: „Bleib doch hier. Ich helfe dir, und wenn du etwas Geld hast, machen wir einen Plan, wie du hier weitermachen kannst."

Ich brachte sie zu Bett: „Beruhige dich. Ich gehe jetzt auch schlafen, denn ich habe morgen viel zu tun." Ich ging in mein Zimmer, legte mich ins Bett, ließ aber die Tür ein wenig auf, damit ich sehen konnte, ob mir Roya etwas passierte. Nach einer Weile hörte ich sie hin und her laufen. Ich rief hinaus: „Bitte Roya, geh zu Bett! Ich kann nicht schlafen, wenn du so herumläufst." Innerlich hatte ich Angst vor dem, was jetzt passieren würde.

Da ich nicht schlafen konnte, stand ich leise auf, um zu sehen, ob Roya im Bett lag. Ihr Koffer stand mitten im Zimmer und sie lag mit dem Mantel im Bett. „Warum steht dein Koffer hier, Roya?" „Ich will in den Iran zurückreisen", sagte sie. „Du weißt doch, dass nur zwei Flüge pro Woche nach Teheran gehen. Du kannst also ohnehin nicht morgen fliegen. Ziehe bitte deinen Mantel aus und gehe ganz normal ins Bett." Obwohl die Wohnung gut geheizt war, log sie mich an: „Mir ist so kalt, ich muss meinen Mantel anbehalten." Ich holte eine zusätzliche Decke und sagte: „Gib mir jetzt deinen Mantel. Hier hast du eine weitere Decke. Ich decke dich zu." An ihren Augen war zu erkennen, dass ihre Krankheit zurückgekehrt war. Vermutlich war sie traumatisiert durch das Telefonat mit ihrem Mann. Auch Edis Rat hatte ihr geschadet. Seine Stimme am Telefon war dämonisch in seinem Alkoholrausch. Er hatte Roya vollgepumpt mit seinen negativen Vorschlägen.

Ich hatte das Gefühl, dass sie irgendwas im Mantel hatte, den sie krampfhaft festhielt. Vorsichtig, aber bestimmt sagte ich zu ihr: „Was hast du vor? Ich möchte mir deinen Mantel ansehen."

Sie öffnete den Mantel und sagte: „Ich habe nichts vor." Ich untersuchte den Mantel, auch die Innentaschen. Ich fand ihren Pass, siebzig Mark und viel Kleingeld, alles, was sie bei sich gehabt hatte, als sie vor sechs Wochen zu mir kam. Eigentlich sollten diese Sachen bis zu ihrer Rückreise im Schrank liegen bleiben.

Das war unsere erste Abmachung. Doch nun hatte sie, ohne meine Erlaubnis, all diese Sachen herausgeholt, in ihren Mantel gesteckt und wollte heimlich abreisen.

„Roya, du weißt, dass du heute nicht reisen kannst. Sag mir die Wahrheit, was hast du vor?" „Mein Mann hat gesagt, er käme bald nach Holland. Wir lassen uns vorher scheiden und dann fahre ich auch nach Holland, um ihn zu treffen. Ich soll die Einladung mitbringen und dir nichts davon sagen."

„Roya, deine Mutter und deine Familie haben gesagt, ich dürfte dich nicht alleine reisen lassen. Diese Einladung ist von meiner Freundin, sie hat die ganze Verantwortung übernommen. Egal, was passiert, sie muss für alles aufkommen, was dir unterwegs zustößt."

Ich habe ihr die Einladung abgenommen und auf der Stelle zerrissen.

Ich nahm Roya mit in mein Zimmer, wo ich sie beruhigte und ein bisschen mir ihr sprach. An ihren Augen war zu erkennen, dass sie sehr aufgeregt war, der Dämon von Edi war darin zu erkennen.

Es war so weit, ich musste aufpassen. „Geh, putz dir die Zähne, dann kommst du in mein Zimmer."

Während sie beim Zähneputzen war, rief ich den Mann an, der mit Roya täglich zur Sprachschule fuhr: „Bitte komm ganz schnell zu mir. Ich brauche sofort deine Hilfe. Bring einen Schlafsack mit und schlafe im Nebenzimmer. Ich nehme Roya in mein Zimmer. Falls sie durchdreht, musst du mir helfen. Es geht ihr seelisch sehr schlecht. Ich fürchte, wenn heute Abend etwas passiert, brauche ich deine Hilfe. Meine Körperkraft allein wird nicht reichen. Lass dir nicht anmerken, dass du von ihrer Krankheit weißt. Wir unterhalten uns einfach ganz normal." Er kam nach etwa einer Viertelstunde. Ich brachte Roya in mein Zimmer, nachdem ich ihr einen Beruhigungstee gemacht hatte, dessen Wirkung ich ihr allerdings verheimlichte.

Am nächsten Morgen informierte ich Royas Mutter und Schwester über die Vorfälle. Ich erzählte ihnen, welch gute Fortschritte Roya zunächst gemacht hatte, bis zum Anruf ihres Mannes, der von Scheidung sprach und von den achttausend Mark. Dass sie einen deutschen Sprachkurs gemacht habe und mit mir schwimmen und tanzen gegangen wäre und mehrere Wochen keine Medikamente brauchte. Dass sie einen ganz normalen Eindruck mache. Ich sagte ihnen, dass ich ihrem Mann gesagt habe, er solle nicht so oft anrufen und keine aufregenden Themen ansprechen. Durch diesen einen Anruf ihres Mannes war sie aber plötzlich das genaue Gegenteil von vorher. Ich sagte ihnen, dass ich gemerkt habe, dass ihr Mann einen Plan ausgeheckt habe, um nach Europa kommen zu können und seine kranke Frau loszuwerden. Damit habe er meine Gedanken zunichtegemacht, Roya weiterhin hier in Deutschland zu betreuen und ihr zu helfen, wieder arbeiten zu können. Roya wolle allerdings unbedingt bei der Scheidung in Teheran dabei sein, so, wie es Edi ihr geraten habe, da sie eine höhere Summe von ihrem Mann bekommen könne. Ich sagte ihnen weiterhin, dass ich Roya in den nächsten Flieger nach Hause setzen werde. Ihre Mutter führte dann noch ein langes Gespräch mit Roya, in dem sie versucht hat, sie zu überzeugen, bei mir in Deutschland zu bleiben. Aber es hatte keinen Erfolg. Es waren noch etwa zwei, drei Tage bis zum Flug. Die Krankheit war wieder stark zurückgekehrt. Es waren schwere Tage. Auch nachts musste ich auf sie aufpassen. Der nächtliche Dämon von Edi war Tag und Nacht in Roya präsent. Ich konnte es in ihren Augen, in ihren Bewegungen und in ihren Worten sehen. Aus ihrer Sicht waren jetzt alle Menschen und auch ich schuld an ihrer Krankheit.

Sie wollte von mir wissen, wer ihr echter Vater sei. Edi habe ihr mehrmals gesagt, dass er nicht ihr Vater sei. In diesem Moment wollte ich nicht das Geheimnis meiner Freundin preisgeben. „Natürlich ist Edi dein Vater, wer sonst!?" „Bitte sag mir die Wahrheit!", entgegnete sie. Ich antwortete: „Nur ein einziger Mensch weiß ganz genau, wer der Vater eines Kindes ist. Das ist die Mutter. Du musst deine Mutter fragen! Soweit ich weiß, ist es Edi!" Edi musste ihr das früher während ihrer Besuche in Deutschland eingeredet haben, als ich öfter erst spät nachts von der Arbeit nach Hause kam und Edi alleine mit den Kindern war. Damals hat er mit seinen satanischen Übungen Royas Gedanken vergiftet.

In diesen Tagen sind mir die Zusammenhänge zwischen Edis, Palinas und Royas kranken Seelen bewusst geworden. Ich konnte das Dämonische in ihnen sehr klar sehen.

Ich habe Roya also in den Flieger gesetzt und die Bestätigung der Familie bekommen, dass sie gut angekommen war. Ihr Mann musste bei der Scheidung eine höhere Summe zahlen und hat mit dieser Summe auf den Namen

Royas eine Wohnung in Teheran gekauft. Von den Mieteinnahmen konnte Roya leben. Den Rest ihres Lebens musste sie wegen ihrer Krankheit bei ihrer Mutter leben.

Durch die Erfahrung mit Roya konnte ich alle Ereignisse, die zwischen meinem Mann, meiner Tochter und mir geschehen sind, klarer sehen und besser verstehen. In den darauffolgenden Monaten fügten sich alle Geschehnisse von früher wie ein Puzzle zu einem klaren Bild zusammen.

Dies war ein sehr wertvoller Erkenntnisprozess in meinem Leben.

33. Edis letztes Telefonat

Seit unserer Trennung hatte Edi mich immer wieder mal angerufen. Er wollte eigentlich nie die Verbindung zu mir abbrechen. In seiner Beziehung zu mir hatten alle diese Jahre der Trennung keine Bedeutung gehabt. Es gab in unserem Leben keinen anderen Partner, der uns besser spüren und verstehen konnte, als wir gegenseitig es taten. Manchmal rief er mich mitten in der Nacht an, weil er Verlangen nach einem Gespräch mit mir hatte. „Warum rufst du mich mitten in der Nacht an?", sagte ich ihm. „Ich möchte jetzt mit dir reden. Warum soll ich bis morgen warten? Jetzt ist niemand da und ich kann in aller Ruhe mit dir reden." Ich konnte mich gegen ihn nicht wehren. Im Gegenteil, ich war immer über seine Anrufe sehr erfreut. So ist unsere Beziehung über die Jahre ununterbrochen erhalten geblieben. Trotz aller Ereignisse mit unserer Tochter hatte er immer Kontakt zu mir gesucht. Wir waren zwei einsame Menschen auf dieser Welt, die sich nur miteinander nicht einsam gefühlt haben. Das hieß aber nicht, dass ich mir gewünscht hätte, mit ihm in einer Wohnung zusammenzuleben. Auch wenn wir durch einige Anlässe zusammen in einem Raum schliefen, kamen wir nie mehr körperlich zusammen. Nicht mal umarmen wollte ich ihn, falls wir uns zufälligerweise irgendwo getroffen hatten. Auch verschwendete ich in unseren Gesprächen nie mehr ein Wort über seinem Alkoholkonsum. Falls er mich zu betrunken angerufen hatte und anfing, negativ zu reden, unterbrach ich ihn sofort freundlich, aber klar und legte auf.

Aber wenn ich auf der anderen Seite der Telefonleitung sein „Hallo!" hörte, fielen alle Schranken von mir ab. Ich reagierte spontan, als wäre nie etwas Böses zwischen uns vorgefallen. Er hat mich viel häufiger angerufen als meine Tochter. Während all der Jahre beobachtete ich, dass er es immer wieder geschafft hatte, sie von mir fernzuhalten. Über ihre gelegentlichen Besuche bei mir wusste er Bescheid. Mit gekonnter Manipulation wendete er ihre zum Positiven sich entwickelnde Beziehung zu mir ins Negative. Dieser von ihm gelegte negative Samen gegen mich ist bis heute erhalten geblieben. Zwischen mir und meiner Tochter gibt es keine richtige Beziehung, wie es bei Müttern und Töchtern üblich ist. Ich hoffte, dass sie über die Jahre erwachsen würde und erkannte, wie unser Leben mit einem kranken Alkoholiker verlaufen war. Meine Hoffnungen sind bislang vergeblich geblieben, da sie nie über die Schwelle des fünfzehnjährigen Mädchens geschritten ist. Sie lehnte stets jedes Gespräch über ihren Vater und die Ereignisse, die zur Trennung zwischen uns geführt hatten, ab. Auch das Leben meiner Mutter wurde durch seine Sucht beeinträchtigt. Sie litt sehr unter seinem negativen Einfluss, während ich nachts arbeitete und sie alleine mit ihm in der Wohnung geblieben war. Sie hat mir sicherlich nicht alles erzählt, was ihr an ihm Angst machte, um mich nicht zu belasten.

Edi hatte in den letzten zwei Jahren seines Lebens von Hannover aus über Telefon an einer Radiosendung für Iraner in Los Angeles, USA, teilgenommen. Er hatte Gedichte rezitiert, da er immer noch eine warme und melodische Stimme hatte. Viele Menschen, insbesondere Frauen, die diese Radiosendung hörten, riefen im Studio an und wollten sogar Ratschläge fürs Leben von ihm haben, so gut hatte er sich von Hannover aus dort dargestellt. In einem Telefonat, das sich als unser letztes Telefonat gezeigt hatte, sprach er über seinen Erfolg in dieser Radiosendung. Er fragte: „Erinnerst du dich noch, wie wir im Studio zusammengearbeitet haben? Jedes Komma und jeder Akzent waren wichtig. Davon konnten sogar Leben abhängen. Du kennst jene Geschichte über den König, der einen Mann zum Tode verurteilt hatte und ein Schriftstück mit dem Todesurteil durch seinen Boten zum Henker schickte. Der Bote veränderte die Kommastelle und der gute Mann wurde gerettet: ‚Kopf ab, nicht leben lassen!' wurde zu ‚Kopf ab nicht, leben lassen!'. Siehst du, wie ein Akzent oder ein Komma sogar Leben retten können." Und er redete weiter und schaukelte sich hoch mit diesem Thema. Ich hörte ihm zu und schwieg. Nach etwa einer halben Stunde fragte er mich: „Hörst du mir überhaupt noch zu?" In mir kochte es, aber ich blieb ruhig und sagte ihm: „Wieso sind dir mit deinen dreiundachtzig Jahren immer noch Akzent und Kommata das Wichtigste im Leben, sodass du das Bedürfnis hast, stundenlang darüber zu reden und tausend Mal alles zu wiederholen?" „Natürlich ist das wichtig. Das Leben eines Menschen hängt von einem Komma ab!" Nun war ich sehr ruhig, sodass ich ihm mit Humor antworten konnte: „Wenn für dich ein Komma so wichtig ist und du einem Akzent so große Bedeutung beimisst, wie konntest du dann schizophrene Kinder in die Welt setzen? Sind sie nicht wichtiger als deine Kommata?" Das verschlug ihm die Sprache. Er wollte etwas sagen, konnte aber kein richtiges Wort aussprechen. Mit diesem Satz hatte ich seinen geheimen wunden Punkt wie mit einem Giftpfeil getroffen. Mit stotternder Stimme sagte er: „Du weißt doch, dass R...o...y...a nicht mein Kind ist. Sie hat die Krankheit von ihrer Mutter Marie. Erinnerst du dich nicht, dass Marie immer verrückt gespielt hat?" Ich sagte ironisch zu ihm: „Dann hat Palina Schizophrenie von Marie und Roya von mir." Ich wusste, dass Marie nie geistig krank war. Der Kranke sieht alle um sich herum als krank, nur sich selbst kann er nicht sehen. Das Gespräch konnte er nicht mehr fortführen. Er sagte nichts mehr, auch wenn die Leitung noch offen war. Ich hörte seinen Atem und fühlte seine Betroffenheit ob meiner zum richtigen Zeitpunkt ausgesprochenen Worte. Dann legte er leise den Hörer auf. Ohne Abschiedswort und ohne Wiedersehen. Dies war tatsächlich unser letztes Telefonat.

Ein halbes Jahr nach unserem letzten Gespräch hörte ich nichts mehr von Edi. An einem Wochenende rief meine Schwester mich mehrfach an, da ich nicht zu Hause war. Ich dachte: „Es muss was passiert sein, wenn sie mich so oft angerufen hat." Gerade angekommen, rief mein Schwager mich an. „Deine Schwester wollte dir sagen, dass Palina dich seit drei Tagen sucht. Sie wollte dir sagen, dass ihr Vater in Hannover im Krankenhaus im Sterben liegt. Nun ist er gestorben." Es öffnete sich eine große Leere in mir. Diese Information erreichte mich über zwei Wochen nach seinem Tod. Palina hatte niemandem Bescheid gesagt. Nach zwei Wochen rief sie doch meine Schwester an, um sie über Edis

Tod zu informieren. Ich versuchte vergebens, mit ihr in Kontakt zu treten, da ich nicht mal ihre Handynummer hatte. Sie hatte unserer Verwandtschaft verboten, mir ihre Nummer zu geben. Über meine Nichte konnte ich sie endlich erreichen. „Warum hast du mich nicht vorher angerufen? Ich wäre auch gekommen, um bei ihm zu sein." „Ich dachte", sagte sie, „du würdest dich freuen über seinen Tod." „Wie kannst du so was sagen? Wir beide haben ihn geliebt. Ich habe ihn mehr geliebt als du. Wir beide haben einen Verlust durch seinen Tod, nicht nur du." Ich war entsetzt über ihr Verhalten und verstand, dass sie nichts über uns und unser Leben wusste. So schrecklich war Edi nicht.